La Ruta de la Seda

Un apasionante recorrido por las antiguas rutas comerciales que conectaban China con Europa

© Copyright 2024

Todos los derechos reservados. Ninguna parte de este libro puede ser reproducida de ninguna forma sin el permiso escrito del autor. Los revisores pueden citar breves pasajes en las reseñas.

Descargo de responsabilidad: Ninguna parte de esta publicación puede ser reproducida o transmitida de ninguna forma o por ningún medio, mecánico o electrónico, incluyendo fotocopias o grabaciones, o por ningún sistema de almacenamiento y recuperación de información, o transmitida por correo electrónico sin permiso escrito del editor.

Si bien se ha hecho todo lo posible por verificar la información proporcionada en esta publicación, ni el autor ni el editor asumen responsabilidad alguna por los errores, omisiones o interpretaciones contrarias al tema aquí tratado.

Este libro es solo para fines de entretenimiento. Las opiniones expresadas son únicamente las del autor y no deben tomarse como instrucciones u órdenes de expertos. El lector es responsable de sus propias acciones.

La adhesión a todas las leyes y regulaciones aplicables, incluyendo las leyes internacionales, federales, estatales y locales que rigen la concesión de licencias profesionales, las prácticas comerciales, la publicidad y todos los demás aspectos de la realización de negocios en los EE. UU., Canadá, Reino Unido o cualquier otra jurisdicción es responsabilidad exclusiva del comprador o del lector.

Ni el autor ni el editor asumen responsabilidad alguna en nombre del comprador o lector de estos materiales. Cualquier desaire percibido de cualquier individuo u organización es puramente involuntario.

Índice

INTRODUCCIÓN 1
CAPÍTULO 1: LA RUTA DE LA SEDA: UN VIAJE EN EL TIEMPO 3
CAPÍTULO 2: LOS ORÍGENES DE LA RUTA DE LA SEDA 12
CAPÍTULO 3: LOS GRANDES IMPERIOS DE LA RUTA DE LA SEDA 21
CAPÍTULO 4: LOS BIENES MÁS VALIOSOS DE LA RUTA DE LA SEDA ... 34
CAPÍTULO 5: LOS VIAJEROS DE LA RUTA DE LA SEDA 47
CAPÍTULO 6: LA RUTA DE LA SEDA: ARTE Y ARQUITECTURA 55
CAPÍTULO 7: LA RELIGIÓN Y LA RUTA DE LA SEDA 69
CAPÍTULO 8: LA RUTA DE LA SEDA: CIENCIA Y TECNOLOGÍA 79
CAPÍTULO 9: EL LEGADO DE LA SEDA 87
CONCLUSIÓN 96
VEA MÁS LIBROS ESCRITOS POR ENTHRALLING HISTORY 101
BIBLIOGRAFÍA 102

Introducción

Vivir en un mundo con la conectividad instantánea de Internet y la velocidad de los viajes modernos hace que a veces resulte difícil imaginar cómo era la vida hace miles de años, cuando el mundo se limitaba a los territorios que una persona podía recorrer a caballo cerca de su casa.

No solo los desplazamientos eran limitados, sino que el acceso a alimentos, telas y otros suministros se limitaba a lo que crecía cerca de casa o a lo que fabricaba la gente de la aldea. No había mucha variedad de productos, e incluso el conocimiento y la religión que la gente experimentaba eran limitados, ya que rara vez tenían la oportunidad de entrar en contacto con diferentes culturas.

La Ruta de la Seda cambió este modo de vida para diferentes culturas a lo largo de los cuatro mil kilómetros de ruta comercial de este a oeste. Los comerciantes transportaban mercancías de este a oeste, en mayor cantidad, y retornaban con mercadería de oeste a este.

Los occidentales probaron por primera vez las frutas tropicales de oriente. El comercio de especias revolucionó la cocina en todo el planeta. Las religiones se extendieron de una región a otra. Los avances científicos comenzaron a producirse a medida que las culturas unían sus ideas y recursos.

La Ruta de la Seda unió a las sociedades pastorales y agrarias, uniendo culturas muy diferentes de toda Eurasia y más allá con el comercio de bienes y el intercambio de ideas.

La Ruta de la Seda también enriqueció a muchos imperios, gracias a la venta de mercancías y a los impuestos que se pagaban por ellas en los puertos de entrada. Los imperios y reinos occidentales codiciaban los artículos de lujo del Lejano Oriente, como la seda y las piedras preciosas. Las historias de viajes a lugares exóticos a lo largo de la Ruta de la Seda alimentaron la imaginación durante siglos y dieron lugar a famosas obras literarias.

Pero, ¿cuáles fueron los factores históricos que inspiraron a los humanos a comerciar entre sí?

Este libro se lo explicará de forma sencilla. Descubra cómo empezó desde los primeros momentos de la historia. Observe el auge y la caída de la Ruta de la Seda junto con el auge y la caída de los imperios. Descubra quién viajó por la Ruta de la Seda y por qué, y conozca el fascinante impacto que tuvo en todo el mundo, desde la arquitectura hasta la cocina.

¿Cómo sería la vida hoy si la humanidad nunca hubiera empezado a comerciar por la Ruta de la Seda?

Capítulo 1: La Ruta de la Seda: Un viaje en el tiempo

Imagine una carretera que se extiende a lo largo de seis mil kilómetros, se extiende entre tres continentes y serpentea a través de algunos de los paisajes más intensos y desgarradores de la Tierra.

Desde el mar Amarillo en el este hasta el mar Mediterráneo en el oeste, la Ruta de la Seda era una red de caminos más que una única carretera. Estas vías conectaban los bordes de Europa con Asia Oriental, uniendo muchas culturas y sociedades muy diferentes entre sí.

Los viajeros seguían estas rutas comerciales a través del desierto de Gobi, donde las temperaturas extremas y la falta de agua ponían a prueba a las caravanas y donde la arena movediza amenazaba tanto a los humanos como a sus mercancías. La Ruta de la Seda serpenteaba a través de las gélidas montañas del Himalaya, donde los valientes viajeros sufrían el mal de altura, un frío intenso y avalanchas mortales, y atravesaba las llanuras cubiertas de hierba de la estepa euroasiática.

En cada curva de la Ruta de la Seda existía la posibilidad de morir a manos de la naturaleza o de ser atacado por bandidos errantes. En una época anterior a los aviones, los trenes y los automóviles, y antes de que las vastas rutas comerciales marítimas estuvieran bien establecidas, la principal fuente de transporte era la caravana a caballo o en camello. El viaje a lo largo de la Ruta de la Seda era lento y arduo para los viajeros.

La Ruta de la Seda conectaba los países y regiones de China, Asia central, Persia (actual Irán), Oriente Próximo, India, partes de África oriental y los bordes de Europa. El mar Mediterráneo era un eje importante de la Ruta de la Seda, que conectaba los países asiáticos con Europa en el oeste. Grandes ciudades como la egipcia Alejandría se convirtieron en centros comerciales. Otras ciudades importantes eran Constantinopla, conocida hoy como Estambul, y Antioquía, en Siria, que fue una ciudad griega durante el periodo helenístico.

Al principio, los caminos de la Ruta de la Seda estaban aplanados por el caminar de las personas que transportaban mercancías para la venta y el comercio. Sin embargo, la Ruta de la Seda pronto se convirtió en algo más que un lugar de transporte de mercancías. Junto con las sedas, las especias y los tintes llegaron el intercambio de ideas, religiones, arte, tradiciones y tecnologías a medida que los viajeros interactuaban con diferentes culturas y religiones.

La difusión cultural tuvo un impacto casi tan grande en la historia mundial como el intercambio de mercancías. De hecho, el impacto de la Ruta de la Seda en la historia mundial fue tan poderoso que será conocida para siempre como un puente entre civilizaciones y un testimonio de la fuerza de la colaboración humana a través de diversas culturas y largas distancias.

A pesar de que los libros de historia modernos la llaman la Ruta de la Seda, en realidad no era una carretera asfaltada, ni siquiera un camino designado en la mayoría de las zonas. Nadie que viviera a lo largo de la Ruta de la Seda la llamaba así. En su lugar, se referían a ella como el camino a la siguiente aldea o el camino a un determinado punto de referencia más adelante. Los caminos no señalizados de la Ruta de la Seda estaban formados por puertos de montaña, ríos y desiertos, y las direcciones se daban de un oasis o pueblo al siguiente. La mayoría de la gente contrataba guías locales para atravesar con seguridad cada tramo de la ruta.

La Ruta de la Seda no obtuvo su nombre histórico oficial hasta que un geógrafo alemán llamado Barón Ferdinand von Richthofen acuñó la frase «la Ruta de la Seda» en 1877, cuando la utilizó en su atlas.

La popularidad de la Ruta de la Seda como ruta comercial se prolongó durante casi un milenio. Comenzó en el siglo II a. e. c. y se desvaneció lentamente hacia el siglo XV de nuestra era.

Echemos un rápido vistazo a la cronología de la Ruta de la Seda y su importancia y uso en diversas regiones y a lo largo de la historia del mundo. Con solo echar un vistazo, se puede ver cómo la Ruta de la

Seda se entretejió en muchos acontecimientos históricos famosos y períodos de tiempo muy conocidos.

Siglo II a. e. c.

¿Qué pudo motivar a la gente a abandonar su hogar y aventurarse en un peligroso viaje a lo largo de la Ruta de la Seda? Para comprender sus motivaciones, debemos tener en cuenta cómo era la vida en el siglo II a. e. c.

Cuando se inició la Ruta de la Seda, la dinastía Han gobernaba China. El pueblo chino era agrario, lo que significa que eran agricultores que cultivaban la tierra. En el siglo II a. e. c., China tomó la revolucionaria decisión de intensificar el comercio con otros pueblos, además de los nómadas y las civilizaciones cercanas de Asia central.

En aquella época, Asia Central estaba poblada por numerosas tribus. El emperador chino Wu Di envió una misión de exploración para visitar algunas de estas tribus en un esfuerzo por establecer oficialmente el comercio. Envió a su enviado Zhang Qian en el primer viaje a lo largo de lo que se conocería como la Ruta de la Seda. El viaje de Zhang Qian estuvo lleno de giros inesperados, ya que fue capturado por nómadas y pasó diez años en cautividad antes de escapar y seguir adelante.

Al final, su viaje no solo fue un éxito, sino que sigue siendo muy conocido hoy en día, ya que contribuyó significativamente a la historia china. Zhang Qian recopiló información sobre diferentes culturas, regiones y rutas, informando al emperador Wu Di, lo que le permitió establecer las conexiones diplomáticas necesarias para allanar el camino al comercio amistoso. Esto condujo al desarrollo de la Ruta de la Seda y le valió a Zhang Qian el apodo de «padre de la Ruta de la Seda».

Siglos I a II de nuestra era

El Imperio romano irrumpió en la escena de la historia durante el siglo I a. e. c. Como es sabido, el Imperio romano era poderoso y estaba en constante expansión. A los romanos también les encantaba la seda y se aficionaron a otros muchos artículos procedentes del Lejano Oriente, como especias, piedras preciosas, ropa, metales preciosos y marfil. Las pieles, los productos químicos para curar el cuero y el papel también eran artículos comerciales populares. Los patrones regulares de comercio entre el Imperio romano y Extremo Oriente empezaron a solidificarse a lo largo de la Ruta de la Seda durante este periodo.

El Imperio romano y los países del este asiático estaban tan alejados que una sola persona no podía recorrer sola toda la ruta. El comercio se vio facilitado por una serie de intermediarios procedentes de tribus y regiones de toda la Ruta de la Seda. Con estos intermediarios comenzó el intercambio de influencias culturales entre regiones.

¿Quiere conocer un dato poco conocido sobre la Ruta de la Seda? La seda era uno de los muchos productos que se transportaban a lo largo de la ruta comercial, pero sin duda uno de los más esenciales era el papel. El papel se inventó en Oriente en el siglo I de nuestra era, aunque tuvieron que pasar varios siglos antes de que se convirtiera en un artículo comercial popular en la Ruta de la Seda.

El primer indicio de la existencia de papel es un informe escrito dirigido al emperador Han Ho-di. Data del año 105 de la era cristiana[1]. A partir de ahí, el papel se extendió por las primeras rutas de la Ruta de la Seda a través de China. Se han encontrado documentos del siglo II e. c. en las ciudades de Loulan, Jotán, Kusha y Dunhuang.

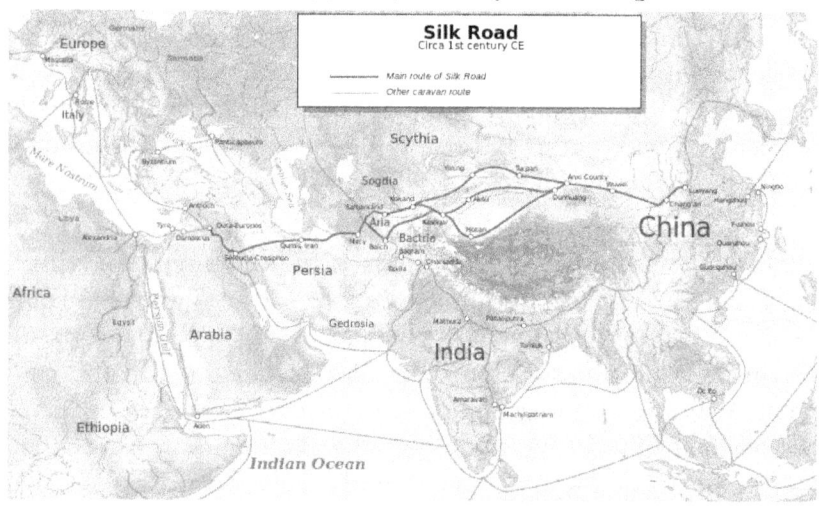

La Ruta de la Seda en el siglo I de nuestra era
Kaidor, CC BY-SA 4.0 <https://creativecommons.org/licenses/by-sa/4.0>, vía Wikimedia Commons; https://commons.wikimedia.org/wiki/File:Silk_Road_in_the_I_century_AD_-_en.svg

Siglos IV-V e. c.

En el siglo IV de nuestra era, el mundo seguía su curso. Los caminos de la Ruta de la Seda ya eran muy transitados, hasta que se produjo un contratiempo. Cuando el Imperio romano de Occidente se vio abocado al colapso, la demanda de artículos de lujo procedentes del Lejano Oriente cayó en picado.

---

[1] http://www.silk-road.com/artl/papermaking.shtml/

Siglos VI-VII e. c.
Sin embargo, la Ruta de la Seda siguió activa. El Imperio bizantino siguió creciendo en importancia durante el siglo VI e. c. y se estableció como intermediario esencial en el comercio entre Oriente y Occidente a lo largo de la Ruta de la Seda, compartiendo su cultura y su arte junto con sus mercancías.

Siglos VII-VIII e. c.
La dinastía china Tang alcanzó su apogeo en Oriente durante este periodo. Al mismo tiempo, los califatos islámicos se ocupaban de establecer todo tipo de conexiones, ampliando aún más la Ruta de la Seda y convirtiéndola en una red de caminos. La Ruta de la Seda era ahora lo suficientemente extensa como para conectar las ciudades mediterráneas, Asia central y China.

Siglo XIII e. c.
Avanzamos rápidamente en el tiempo. Todo había ido sobre ruedas. El comercio a lo largo de la Ruta de la Seda durante los últimos siglos había sido magnífico. De hecho, el comercio seguía creando relaciones entre grupos de personas que, de otro modo, no tendrían nada en común.

Durante el siglo XIII, un despiadado protagonista de la historia ascendió al poder y estableció su territorio sobre una gran parte de la Ruta de la Seda. Es posible que ya haya oído hablar de él. Se llamaba Gengis Kan, del Imperio mongol. Le siguió otro nombre mongol famoso en la historia, Kublai Khan.

El Imperio mongol controlaba una parte clave de la Ruta de la Seda, que unía China con el Mediterráneo[2]. Aunque los mongoles eran conocidos por sus conquistas militares y sus feroces estrategias de batalla, el Imperio mongol también fue responsable de una paz clave llamada la *Pax Mongolica*, que duró desde el siglo XIII hasta el XIV. La *Pax Mongolica* trajo la paz entre las diferentes culturas y territorios a lo largo de la Ruta de la Seda, permitiendo que el comercio floreciera gracias a la seguridad y estabilidad que se podía encontrar en la región.

Los mongoles también desarrollaron un tipo de sistema postal llamado *Yam*. Esto ayudó a que la información y los bienes comerciales se movieran a lo largo de las rutas de la Ruta de la Seda y por todos los

---

[2] https://en.unesco.org/silkroad/content/did-you-know-silk-routes-mongols

territorios mongoles de forma más fácil y eficiente, proporcionando excelentes oportunidades de crecimiento, tanto económico como en su administración.

Aunque a menudo se recuerda a los mongoles como guerreros brutales, muchos de sus líderes tenían tendencias diplomáticas y promovían la tolerancia cultural. Por ejemplo, Kublai Khan se interesó por el mundo académico y las artes. Fomentó la traducción de libros y escritos para que pudieran compartirse con las distintas culturas a lo largo de la Ruta de la Seda.

También patrocinó los estudios y la educación de los eruditos. Gracias a Kublai Khan, el conocimiento antiguo que casi se había perdido volvió a ser apreciado y preservado, y esa información se difundió junto con el comercio en la Ruta de la Seda. Según los registros, durante su época de emperador se crearon más de veinte mil escuelas públicas, lo que contribuyó a elevar el nivel educativo de los habitantes de la región[3].

Otra persona muy conocida comenzó su épico viaje a lo largo de la Ruta de la Seda durante este mismo período de tiempo: Marco Polo.

Marco Polo sirvió como emisario extranjero a Kublai Khan de 1215 a 1294, tiempo durante el cual recopiló conocimientos de la región, incluidas las costumbres y los inventos mongoles.

Aunque los historiadores aún debaten si Marco Polo viajó alguna vez al este, los escritos sobre los viajes de Marco Polo al Lejano Oriente introdujeron a los europeos en la magia y la maravilla de tierras que nunca antes habían imaginado. Esta fascinación impulsó a Occidente a interesarse más por el comercio con Oriente.

---

[3] https://courses.lumenlearning.com/suny-hccc-worldcivilization/chapter/kublai-khan/

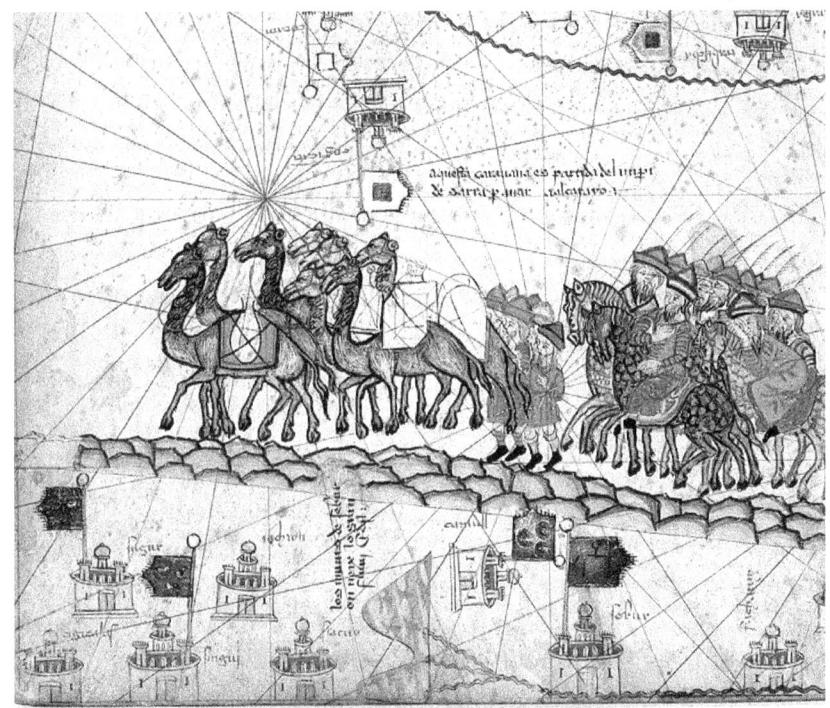

Ilustración de la caravana de Marco Polo a Oriente
https://commons.wikimedia.org/wiki/File:Caravane_sur_la_Route_de_la_soie_-_Atlas_catalan.jpg

Siglos XIV a XV e. c.

Los tiempos cambiaron rápidamente durante el periodo comprendido entre los siglos XIV y XV. El gran imperio mongol comenzó a declinar y en su lugar se desarrollaron estados regionales. Estos estados regionales eran poderosos. Bloquearon partes de la Ruta de la Seda, obstaculizando el flujo de mercancías y haciendo que los viajes fueran más peligrosos.

La historia produjo otro nombre familiar durante este tiempo, un viajero muy famoso a lo largo de la Ruta de la Seda: la Peste Negra.

Debido al periodo de incubación de la peste, la Ruta de la Seda pudo contribuir a la propagación de la peste negra, así como al intercambio cultural y de mercancías exóticas. La gente contraía la enfermedad en una zona, pero no mostraba ningún síntoma. Luego, cuando llegaban a su siguiente parada, enfermaban y compartían sus gérmenes a lo largo de una nueva zona de la ruta comercial. Como puede imaginarse, el pánico y la muerte resultantes provocaron la ralentización del comercio.

Además de la Peste Negra, la caída de Constantinopla durante este mismo periodo de tiempo también contribuyó a la ralentización del comercio a lo largo de la Ruta de la Seda. Constantinopla era la capital del Imperio bizantino. La ciudad conectaba las rutas comerciales de Oriente y Occidente, lo que la convertía en un centro vital para los viajeros que buscaban intercambiar mercancías tanto por tierra como por mar.

En 1453, la ciudad fue conquistada por los turcos otomanos, lo que provocó inmediatamente un cambio en el flujo de artículos comerciales debido a los nuevos impuestos y a las posibles restricciones sobre las mercancías que podían transportarse por la región. Constantinopla seguía siendo un vibrante centro económico bajo el Imperio otomano; sin embargo, el aumento de los impuestos fue un importante factor disuasorio para el comercio de la Ruta de la Seda. Los vínculos comerciales se cortaron, y el Imperio otomano se convirtió en el nuevo intermediario del comercio con Oriente. Este cambio de poder supuso una pérdida de estabilidad para los comerciantes regulares, acostumbrados a la Constantinopla controlada por los bizantinos[4].

La Era de las Exploraciones acababa de comenzar en Europa, y en parte se vio impulsada por la necesidad de encontrar una nueva ruta comercial que no incluyera la caída de Constantinopla. Esto llevó al descubrimiento de una ruta marítima que rodeaba la punta de África, haciendo que los largos y engorrosos viajes por terreno traicionero fueran cosa del pasado para muchos comerciantes ávidos y contribuyendo aún más al declive de las rutas comerciales terrestres de la Ruta de la Seda.

Siglos XVI al XVIII e. c.

Bienvenidos a la era de las exploraciones. Durante esta época, valientes exploradores surcaron el océano azul en busca de atajos y nuevas rutas comerciales marítimas para conectar Oriente y Occidente.

Seguro que ha oído hablar de Cristóbal Colón, pero ¿ha leído alguna vez sobre el explorador portugués Vasco da Gama? Navegó alrededor del extremo sur de África, el cabo de Buena Esperanza, y llegó al continente de la India. Fue un acontecimiento importante en el mundo del comercio. Los europeos habían viajado a la India en barco por

---

[4] https://www.tutorchase.com/answers/ib/history/what-economic-impacts-followed-the-fall-of-constantinople

primera vez, saltándose por completo las rutas comerciales terrestres de la Ruta de la Seda.

No olvidemos mencionar al Imperio otomano. Entre los siglos XVI y XVIII, controló importantes zonas a lo largo de la Ruta de la Seda, incluida la ciudad de Constantinopla.

El Imperio otomano también controlaba Anatolia, una región que contenía varias rutas comerciales, que conectaban el Imperio otomano con Asia central, Oriente Próximo y Europa. En realidad, los otomanos controlaban una franja muy extensa de territorio que incluía ciudades vitales como Damasco, Alepo, Bagdad, Beirut y Jerusalén. También controlaban territorios en el norte de África, que no formaba parte de las rutas comerciales terrestres, pero contaba con importantes puertos para el comercio marítimo.

Siglo XIX e. c.

La Ruta de la Seda quedó obsoleta en este momento de la historia. Los países empezaron a establecer colonias, lo que significaba que los barcos navegaban por todo el mundo. En lugar de serpentear a lo largo de un paisaje traicionero, la gente ahora navegaba directamente a su destino comercial, eliminando la necesidad de un intermediario y, junto con ello, poniendo fin a la necesidad de la antigua red de caminos de la Ruta de la Seda.

Ahora que ya tienes una visión general de la ruta de la seda a lo largo de la historia, vamos a profundizar en los factores que impulsaron su nacimiento. ¿Cómo se comerciaba antes de la Ruta de la Seda? ¿Por qué China deseaba establecer relaciones comerciales con Occidente?

Súbase a su camello o a un caballo tibetano, si lo prefiere, y dé un paseo mientras nos remontamos a la Ruta de la Estepa y a la Ruta de los caballos y el té.

Capítulo 2: Los orígenes de la Ruta de la Seda

La Ruta de la Estepa

Los inicios de las rutas comerciales en China pueden atribuirse a dos rutas: la Ruta de la Estepa y la Ruta del Té y los Caballos.

La Ruta de la Estepa era una antigua ruta comercial que unía China con Oriente Próximo, Asia Central y, finalmente, la región mediterránea.

Pero, ¿dónde estaba exactamente la Ruta de las Estepas? Hoy en día, la ruta está ocupada por los países de Kazajstán, el norte de Mongolia, las regiones meridionales de Rusia a lo largo del mar Caspio y el río Volga, las partes meridionales de Ucrania, la península de Crimea, zonas de Turkmenistán a lo largo del mar Caspio y Uzbekistán.

El terreno era llano, con praderas abiertas en Asia central y Europa oriental. El suelo y el clima no eran adecuados para los cultivos, pero la hierba crecía allí en abundancia. Esta zona de pastos se extendía a lo largo de muchos kilómetros y era el hogar de tribus nómadas que pastoreaban ganado. El terreno llano facilitaba los desplazamientos a los comerciantes que viajaban en caravanas de caballos y camellos.

La Ruta de la Estepa euroasiática estaba dividida por zonas más accidentadas, como los montes Urales, los montes Altai, los montes Sayanes y la cordillera del Gran Jingan.

Al examinar la cronología de la Ruta de la Seda, debemos considerar dónde situar los inicios de la Ruta de las Estepas. Ya existía mucho antes de que la Ruta de la Seda se estableciera en la historia; de hecho, existía antes incluso de que comenzara nuestra cronología.

La Ruta de las Estepas no tiene un comienzo formal. Comenzó en la Antigüedad, desde que el ser humano vive en Asia Central. Los historiadores estiman que la Ruta de las Estepas comenzó en el cuarto milenio a. e. c., posiblemente en torno a la Edad del Bronce.

Es importante señalar un invento que cambió el mundo y que apareció en Asia central durante la Edad de Bronce: la rueda de radios. El transporte sobre ruedas desempeñó sin duda un papel en los inicios del comercio a larga distancia. A medida que se desarrollaron los carros y las carrozas, la gente descubrió que podía transportar mercancías a distancias más largas. Con esos bienes, la gente entró en contacto con diferentes culturas y comenzó el intercambio de ideas.

La Ruta de las Estepas creció paralelamente al auge del pastoreo en el interior de Eurasia[5]. Estos serían los primeros agricultores de la estepa, los pueblos que practicaban la ganadería. Como era de esperar, las primeras rutas comerciales siguieron los caminos trazados por los pastores nómadas.

Al principio, los nómadas dudaban en viajar y comerciar. A medida que sus grupos crecían, necesitaban más recursos, lo que impulsó la necesidad de explorar más. Y a medida que exploraban, entraban en contacto con tribus y culturas diferentes. Los robos se convirtieron en un problema, lo que llevó a los nómadas a construir cercas para su ganado y a diseñar defensas para sus tribus. La gente se agrupó en comunidades culturales para apoyarse mutuamente.

Al cambiar los patrones climáticos, los nómadas se vieron obligados a trasladarse de un lugar a otro para encontrar mejores tierras de pastoreo. Este fue un factor clave en el desarrollo temprano de las rutas comerciales. Los nómadas se vieron obligados a entrar en contacto unos con otros, les gustara o no.

Pronto, el comercio entre civilizaciones y tribus nómadas se hizo frecuente a lo largo de la Ruta de las Estepas, ya que la gente compartía bienes entre culturas. Sin embargo, pocas personas recorrían toda la ruta comercial. En su lugar, se utilizaban intermediarios para pasar

---

[5] Christian, David. "Silk Roads or Steppe Roads?". https://www.jstor.org/stable/20078816.

mercancías por toda la región de Asia central y Oriente Próximo (serían similares a los correos).

Los eruditos estiman que la Ruta de las Estepas se utilizaba al menos dos mil años antes que la Ruta de la Seda[6].

Con el paso de los años, la ruta se fue ampliando hasta llegar al Mediterráneo. La Ruta de la Estepa original se conoce hoy como la Ruta de la Seda del Norte.

Los viajeros intercambiaban seda y otros tejidos. Las piedras preciosas, como la turquesa, el lapislázuli, el ágata y la nefrita, eran solo algunas de las riquezas que se intercambiaban entre las regiones. También se intercambiaban cerámicas, especias y metales preciosos.

Los viajes contribuyeron a la expansión del budismo desde la India hasta Asia central y China. Desde el punto de vista político, las riquezas obtenidas con el comercio contribuyeron al crecimiento del poderoso Imperio persa, del Imperio parto y, finalmente, de los califatos islámicos.

La Ruta de la Estepa fue la arteria principal que dio origen a la Ruta de la Seda y sentó las bases de lo que se convertiría en la ruta comercial más importante de la historia. La diplomacia política temprana y las nuevas conexiones lingüísticas que se formaron con el tiempo fueron elementos esenciales que ayudaron a formar el futuro de la Ruta de la Seda.

La Ruta del Té y los Caballos

La Ruta del Té y los Caballos fue otra de las primeras arterias de la Ruta de la Seda. Los antiguos registros chinos se refieren a *Chamadao*, que se traduce como «la ruta del té y los caballos». Era una carretera establecida principalmente para el comercio de dos cosas: Hojas de té chinas y caballos tibetanos.

Los chinos del siglo I de nuestra era eran una sociedad militar. Los caballos eran muy valiosos para trasladar a los hombres de un lugar a otro y para cabalgar en la batalla. Los caballos también desempeñaban un papel esencial en el transporte de personas y mercancías a lo largo de las peligrosas y tediosas rutas comerciales.

---

[6] Torr, Geordie. *The Silk Roads: A History of the Great Trading Routes Between East and West.*

Imagine el caballo de batalla definitivo, dotado de todas las características más poderosas: resistencia extrema, paso seguro por terrenos rocosos y montañosos, cuerpo imperturbable ante las grandes altitudes de la región, pelaje y piel capaces de resistir los vientos salvajes y la nieve cortante, así como fuerza física para sobrevivir con muy poca comida en zonas remotas sin acceso a pastos. Básicamente, este súper caballo podía comer tres briznas de hierba y lanzarse sin miedo a una batalla invernal en una ladera rocosa.

Para otros, en lugar de lanzarse a la batalla, recorría sin miedo los estrechos caminos y las duras condiciones climáticas de las rutas comerciales.

Los chinos tuvieron suerte porque en la vecina región del Tíbet se criaban caballos que respondían exactamente a esta descripción.

El accidentado terreno del Himalaya tibetano era un entorno único para la cría de caballos. Debido a la gran altitud y a las pendientes rocosas, los caballos tibetanos evolucionaron hasta convertirse en criaturas perfectas para las peligrosas rutas comerciales. Podían atravesar montañas, ventiscas y las arenas movedizas del desierto.

Un caballo tibetano también se asociaba a un estatus social elevado, similar al de los veloces coches deportivos extranjeros de hoy en día. Esto los convertía en un objeto de comercio muy apreciado.

Uno se ríe cuando piensa en los chinos ofreciendo hojas de té a cambio de un caballo potente y bien criado. ¿Pero los tibetanos? No se reían. Estaban encantados de hacer el intercambio.

La importancia de las hojas de té era primordial en las sociedades china y tibetana. Proporcionaban beneficios medicinales. El té se asociaba con la hospitalidad, la amistad y las reuniones, especialmente a lo largo de la Ruta de la Seda. Las familias sofisticadas podían ofrecer té a los viajeros de la Ruta de la Seda. El té aliviaba los sentidos con su olor, sabor e incluso ricos colores. En algunas zonas, las hojas de té podían incluso utilizarse como moneda[7].

No todas las regiones a lo largo de la Ruta de la Seda podían cultivar té debido a las duras condiciones climáticas, lo que aumentaba aún más el atractivo de las hojas de té como artículo comercial.

---

[7] "Ancient Tea and Horse Caravan Road".
http://www.silkroadfoundation.org/newsletter/2004vol2num1/tea.htm.

¿Y para los chinos? Las hojas de té eran livianas y fáciles de transportar. Ocupaban poco espacio cuando se almacenaban en ladrillos que pesaban entre 0,45 kilogramos y 2,75 kilogramos[8]. Las hojas de té también se vendían a un precio elevado.

Los chinos y los tibetanos empezaron a viajar por la Ruta del Té y los Caballos entre China y Tíbet, estableciendo una ruta comercial esencial que más tarde se conocería como la Ruta de la Seda Meridional o la Ruta de la Seda Sudoccidental. Este camino era una de las partes más destacadas de las entrelazadas vías que componían la Ruta de la Seda.

La dinastía Han

Quizá la dinastía Han (206 a. e. c.- 220 e. c.) fue la que más contribuyó a la creación de la Ruta de la Seda. Esta dinastía decidió empezar a establecer formalmente acuerdos comerciales con las zonas de su entorno y, posteriormente, con las regiones más alejadas.

En el año 138 a. e. c., el emperador Wu Di de la dinastía Han decidió que quería enviar a un funcionario de la corte a establecer contacto con los yuezhi, uno de sus aliados tradicionales. El emperador se enteró de que los yuezhi estaban siendo amenazados por el enemigo común de la dinastía Han, los xiongnu.

Para llegar hasta los yuezhi, quien se ofreciera voluntario tendría que atravesar el territorio controlado por los xiongnu en dirección oeste. Solo una persona tuvo el valor suficiente para emprender el viaje: un pequeño funcionario de la corte llamado Zhang Qian.

Partió con un grupo de cien hombres. Por desgracia para Zhang Qian, fue capturado por los xiongnu. Lo mantuvieron cautivo durante diez años, obligándolo a viajar con el grupo imperial por la estepa. Durante ese tiempo, se casó con una mujer xiongnu y tuvo varios hijos.

Zhang Qian se dirigió al reino de Yuezhi, pero no consiguió firmar un tratado con ellos. Permaneció allí un año antes de emprender el viaje de regreso para informar al emperador.

Zhang Qian fue capturado por los xiongnu una segunda vez, pero logró escapar con su esposa e hijos durante un disturbio en el campamento xiongnu. En total, Zhang Qian estuvo fuera trece años.

---

[8] "Ancient Tea Horse Road". https://www.bbc.com/travel/article/20120830-asias-ancient-tea-horse-road.

Tras su liberación, continuó viajando por Asia central, donde exploró las ricas civilizaciones que habían florecido bajo Alejandro Magno. Estas ciudades griegas helenísticas tenían un arte y una cultura que Zhang nunca había visto antes. Informó al emperador de que las ciudades estaban fuertemente fortificadas con murallas, torres y puertas. También contó al emperador todas las maravillas que había presenciado; lamentablemente no quedaron registradas en detalle como para que pudiéramos leerlas en la actualidad.

Sin embargo, podemos adivinar lo que vio por lo que sabemos de las ciudades helenísticas. Las ciudades estaban dispuestas en cuadrículas con una planificación urbana organizada. Contaban con edificios públicos como bibliotecas, gimnasios y baños. Eran famosas por sus teatros, anfiteatros y calzadas de piedra.

Y lo más importante, Zhang Qian visitó los mercados de cada ciudad, donde vio mercancías que nunca antes había visto.

El emperador estaba intrigado, así que envió a Zhang Qian de vuelta al camino para que siguiera explorando. Afortunadamente, el diplomático no fue prisionero en este viaje. Esta vez se dirigió a Persia, donde descubrió una nueva raza de caballos en lo que hoy es Uzbekistán. Se los conocía como caballos de Fergana y se decía que eran tan poderosos que sudaban sangre.

Los científicos han llegado a la conclusión de que el sudor sanguinolento eran probablemente gotas de sangre de parásitos que picaban. En general, esta cualidad es un poco menos impresionante, pero en la antigüedad parecía bastante asombroso. La gente creía que estos poderosos caballos eran el resultado del mestizaje entre caballos mortales y celestiales.

El emperador Wudi quería saber más sobre los caballos. Incluso quería tener algunos. Zhang Qian también le habló de una cristalería asombrosa y de un nuevo tipo de bambú que nunca antes había visto. También vendían una tela inusual que, según se decía, procedía de la India, un lugar completamente desconocido para la dinastía Han.

Zhang Qian es conocido históricamente como el «padre de la Ruta de la Seda», un título que sin duda se ganó con su determinación y perseverancia.

La mayor pregunta que podríamos hacernos sobre la dinastía Han es por qué. ¿Por qué el emperador decidió dedicarse al comercio fuera de su región local?

La curiosidad por lugares desconocidos como la India y por los nuevos productos exóticos fue sin duda una fuerte motivación. Pero, ¿fue suficiente inspiración para enviar a más hombres en peligrosos viajes? Recordemos que era una época plagada de tribus en guerra y civilizaciones hostiles. La única forma de establecer relaciones diplomáticas con otros pueblos y culturas era subir a caballo y saludar, lo que podía ser un tanto arriesgado si el diplomático no era un visitante bienvenido. (Véanse las experiencias de Zhang Qian y su fallido intento de tratado).

Aun así, la dinastía Han siguió adelante con la idea de establecer relaciones comerciales lejos de casa. ¿Qué otros motivos había más allá de la curiosidad?

La primera razón de la dinastía Han era egoísta. Si la dinastía Han quería expandirse más allá de sus fronteras, podía iniciar una batalla y reclamar territorio, o extender gradualmente su influencia a través de la diplomacia y el comercio con los estados vecinos. En lugar de elegir la violencia, la dinastía Han optó por la paz. Formó tratados con sus vecinos para prevenir cualquier conflicto y estableció sólidos acuerdos comerciales que eran mutuamente beneficiosos para ambas partes.

La dinastía Han utilizó inteligentemente el comercio para fomentar alianzas, lo que le permitió amortiguar las relaciones contenciosas con otras regiones, especialmente con la Confederación Xiongnu, al norte. Estas alianzas hicieron que el imperio fuera más seguro y mucho menos vulnerable a ataques repentinos o tomas de poder. La dinastía Han tenía ahora amigos a su lado, dispuestos a unirse en caso de necesidad, ya que todos se beneficiaban del comercio de bienes y del intercambio de ideas.

Sigilosamente, la dinastía Han también empezó a establecer algo conocido como protectorados. Por supuesto, si se iban a establecer rutas comerciales, tenían que ser seguras, ¿no?

Cuando las rutas comerciales se extendían fuera de la región de la dinastía Han y serpenteaban por territorios peligrosos, alguien tenía que encargarse de mantener la paz y la seguridad de los comerciantes. ¿Cómo iban a proteger los bienes comerciados de los robos?

Al establecer estas rutas protegidas, la dinastía Han tuvo la oportunidad de ejercer su influencia sobre los gobiernos de estas regiones, ampliando aún más su poder al meter las manos en los gobiernos de sus vecinos.

A medida que crecían las rutas comerciales establecidas oficialmente, la dinastía Han empezó a cosechar los beneficios económicos de un comercio fiable y organizado. El emperador decidió invertir en el ejército. Los Han comerciaron con poderosos caballos de Fergana y aumentaron su caballería. Lucharon contra los nómadas y empezaron a construir sus propias murallas fortificadas, que más tarde formarían parte de la Gran Muralla China.

La muralla servía de defensa, naturalmente, pero tenía otra utilidad. Los viajeros se veían obligados a pagar un impuesto al emperador por las mercancías que transportaban. Esto aumentó la riqueza de la dinastía Han. Solo había unas pocas puertas en la Gran Muralla por las que podían pasar los viajeros. Estas se convirtieron rápidamente en centros de comercio a lo largo de la Ruta de la Seda. Pronto hubo posadas para los viajeros cansados, mercados para comerciar y restaurantes. Estos puertos de entrada también empezaron a servir como patrullas fronterizas y aduanas del imperio.

A continuación, la dinastía Han invirtió en su propia administración, haciendo crecer su gobierno. Los Han también empezaron a hacer avances científicos. Es increíble lo que puede hacer un flujo de dinero constante. De repente, la dinastía Han empezó a medir el tiempo con relojes de agua y a inventar el papel para escribir. El papel se hizo muy popular y acabó convirtiéndose en un artículo muy comercializado a lo largo de la Ruta de la Seda.

El papel fue especialmente importante para la difusión del budismo. Las escrituras se escribían y transportaban fácilmente a lo largo de los primeros tramos de la Ruta de la Seda. El papel permitía traducir las escrituras y enseñanzas a varios idiomas y dialectos y guardarlas para el estudio académico. El budismo se extendió como la pólvora con el apoyo de los dirigentes chinos, pero hablaremos de ello más adelante.

Mientras se comerciaba con bienes físicos, ocurría algo aún más poderoso de forma intangible. La dinastía Han afirmaba lo que se conoce como poder blando sobre aquellos con los que interactuaba en la ruta comercial.

El poder blando se refiere a la influencia de una nación sobre otras personas. La dinastía Han compartía sus valores, ideas, filosofías y cultura sin utilizar la fuerza. Sucedía de forma natural, ya que la gente de la dinastía Han interactuaba con otros a lo largo de la ruta comercial. Al compartir su música, arte, moda y comida, fueron capaces de crear un sentimiento de unidad entre las diferentes culturas, fortaleciendo sus alianzas y asegurando su posición en el escenario del comercio mundial.

La diplomacia de la dinastía Han sentó oficialmente las bases de la Ruta de la Seda. No se construyó una carretera física, pero la red de tratados, alianzas y protectorados creada por la dinastía Han sentó las bases para que el intercambio de mercancías y culturas de este a oeste despegara y se convirtiera en una superautopista. Ricos imperios esperaban en cada extremo de la Ruta de la Seda, clamando por artículos de lujo procedentes del extremo opuesto de la ruta comercial.

La aparición de la Ruta de la Seda sigue siendo objeto de estudio entre antropólogos, arqueólogos e historiadores. Los descubrimientos arqueológicos en la estepa euroasiática a lo largo de la Ruta de la Estepa han obligado a los historiadores a replantearse lo que creían saber sobre la vida en el siglo II a. e. c. Los enterramientos y las tumbas revelan ajuares funerarios de una cultura distinta a la del difunto, lo que demuestra que el comercio estaba en auge antes de lo que se pensaba.

Las pruebas de ADN y la detección de tumbas desde satélites constituyen dos de las herramientas modernas de que disponen ahora los arqueólogos y que han dado un nuevo giro a la aparición de la Ruta de la Seda. La historia sigue cambiando a medida que conocemos nuevos datos con cada excavación.

Capítulo 3: Los grandes imperios de la Ruta de la Seda

Podría decirse que uno de los aspectos más fascinantes de la retrospectiva histórica es la posibilidad de observar el auge y la caída de los imperios en todo el mundo. La Ruta de la Seda es especialmente fascinante porque sirvió de hilo conductor entre imperios y contribuyó claramente tanto al auge como, en ocasiones, a la caída de grandes y poderosos imperios.

Los cuatro imperios principales que prosperaron a lo largo de la Ruta de la Seda fueron el Imperio persa, el Imperio parto helenístico, el Imperio romano y la dinastía Tang.

El Imperio persa (550 a. e. c.-330 a. e. c.)

El Imperio persa en su máxima extensión en el 500 a. e. c.
Cattette, CC BY 4.0 <https://creativecommons.org/licenses/by/4.0>, vía Wikimedia Commons;
https://commons.wikimedia.org/wiki/File:Achaemenid_Empire_500_BCE.jpg

Es posible que haya oído hablar del famoso Imperio persa en la historia y en los relatos. Aunque no esté familiarizado con los detalles, es probable que conozca algunos de los objetos más famosos de Persia. Por ejemplo, ¿ha visto alguna vez una alfombra persa?

El Imperio persa era también conocido como Imperio aqueménida. Era famoso por las tallas rupestres y la metalistería, entre otras muchas cosas. También fue la primera civilización en desarrollar un servicio postal utilizando su Camino Real.

El Imperio persa se extendía desde regiones de Irán a Irak, pasando por Egipto y Turquía, hasta Asia central. La ubicación central de Persia permitió al imperio controlar partes esenciales de la primera predecesora de la Ruta de la Seda: el Camino Real. El famoso Camino Real del Imperio persa era una antigua carretera que discurría desde la ciudad oriental de Susa hasta la occidental de Sardes, atravesando la mayor parte del Imperio persa. El Camino Real se convertiría en una pieza integral de la ruta comercial y sentó una parte importante de los cimientos de la red más amplia de la Ruta de la Seda.

A diferencia de la traicionera red de rutas comerciales de la Ruta de la Seda, el Camino Real fue diseñado para facilitar los viajes. Su objetivo era la comunicación rápida y el transporte eficiente de una ciudad a otra. El Camino Real contaba con múltiples estaciones de relevo, donde los correos esperaban para llevar mensajes de un punto a otro, haciendo que la comunicación a través del imperio fuera un asunto rápido en los días anteriores a los correos electrónicos o los mensajes de texto. El Camino Real también proporcionaba a la administración una forma de comunicarse eficazmente a lo largo de muchos kilómetros. Además, permitía al ejército persa marchar rápidamente por todas las secciones del gran imperio, manteniendo a Persia fuerte y segura.

La Ruta de la Seda nunca fue concebida para transportar hombres y mensajes a través de un vasto imperio como el Camino Real. Sin embargo, con el paso del tiempo, las rutas comerciales se consolidaron bajo el Imperio mongol. Fue en esta época cuando la Ruta de la Seda se cruzó con el Camino Real en diferentes puntos, añadiendo otra capa de profundidad a la fuerza y vitalidad de la red comercial de la Ruta de la Seda y convirtiendo el histórico Camino Real en uno de los canales más importantes de la Ruta de la Seda.

Susa, en el actual Irán, era posiblemente la ciudad más importante de las rutas que se entrecruzaban. Por su situación geográfica, Susa era uno de los puntos clave entre Oriente y Occidente. Allí se comerciaba con textiles, sedas, tintes, especias, frutos secos, nueces, cereales, hierbas, metales preciosos, objetos de metal como herramientas, magníficas piedras preciosas, alfarería, cerámica, papel, libros y manuscritos con conocimientos de otras culturas y religiones.

Otra ciudad importante a lo largo de las dos rutas era Ctesifonte. Esta ciudad es ahora la actual Bagdad (Irak). El río Tigris atraviesa esta región. Ctesifonte era conocida tanto por el comercio de mercancías como por las interacciones diplomáticas entre ciudades, estados e imperios, ya que muchos viajeros pasaban por la zona.

Persépolis era la capital del Imperio persa. No estaba directamente vinculada a la Ruta de la Seda, pero era una parada principal a lo largo del Camino Real, ya que era el centro neurálgico de la administración política y el poder del imperio. Merece la pena mencionar esta ciudad, ya que desempeñó un papel vital en el comercio y las interacciones diplomáticas a lo largo de la ruta.

El Camino Real terminaba en Sardes, en la actual Turquía. Después de Sardes, la Ruta de la Seda siguió conectando con otras regiones a través de rutas comerciales marítimas por el Mediterráneo, lo que convirtió a Sardes en un lugar clave para el intercambio cultural.

Hay algo intangible que el Imperio persa utilizó sus conexiones con la Ruta de la Seda para difundir. Se trataba de una religión, pero no era la religión islámica que hoy se ha convertido casi en sinónimo de Oriente Próximo.

La religión del Imperio persa se llamaba zoroastrismo. Se trataba de una religión monoteísta, es decir, creían en un único dios. Debe su nombre al profeta persa Zoroastro, también conocido como Zaratustra. Zoroastro rompió con los sistemas de creencias típicos de otros grupos indoiranios que adoraban a varias deidades. Gracias en parte a la Ruta de la Seda, su sistema de creencias monoteísta empezó a extenderse como la pólvora. Muchos expertos coinciden en que el zoroastrismo es la primera fe monoteísta del mundo.

¿Cómo se llama el dios único del zoroastrismo? Es Ahura Mazda, al menos según una visión que tuvo Zoroastro cuando tenía treinta años. Sus templos eran conocidos como templos del fuego, lugares de culto que contenían un altar y una llama eterna.

Puede que ahora se pregunte qué tiene que ver el zoroastrismo con la Ruta de la Seda.

Bueno, como ya se ha dicho, los mensajes de Zoroastro se difundieron a lo largo de la Ruta de la Seda con las mercancías comerciadas. Es posible que los principios del zoroastrismo ayudaran a influir en partes de las tres principales religiones abrahámicas: judaísmo, cristianismo e islam.

Por ejemplo, el zoroastrismo llegó al reino de Judea, donde vivía cautivo el pueblo judío. Las ideas principales del zoroastrismo son un dios único, el cielo, el infierno y un día de juicio. ¿Le suena esto familiar?

Imaginemos por un momento el impacto que las religiones abrahámicas han tenido en el mundo a lo largo de la historia.

Cuando el zoroastrismo se extendió por la Ruta de la Seda, sentó las bases de religiones que contribuirían a muchas cosas, tanto positivas como negativas. Innumerables obras de arte famosas se han basado en religiones monoteístas. ¿Cuántas instituciones de enseñanza superior se han basado en estas religiones? En la Edad Media, las universidades religiosas medievales europeas, de Oriente Próximo y africanas desempeñaron un papel crucial en la difusión del conocimiento por todas partes.

Se estableció una moral común entre culturas y países, con una religión monoteísta como denominador común. Esta moral contribuyó a sentar las bases de las leyes y constituciones utilizadas por los gobiernos de todo el mundo. Se crearon colonias, se libraron guerras y se oprimió y conquistó a pueblos en nombre de una religión monoteísta.

Sin la difusión del zoroastrismo a lo largo de la Ruta de la Seda, la visión del mundo de muchos países y culturas a lo largo de la historia e incluso en la actualidad sería probablemente muy diferente.

Con el tiempo, el gran imperio persa se quedó pequeño. El imperio se expandió a lo largo de la costa oriental del Mediterráneo y los persas pensaron que podrían añadir colonias griegas al imperio. Sin embargo, el tiro les salió un poco por la culata, ya que las colonias, que estaban situadas a lo largo del borde de la actual Turquía, no estaban muy entusiasmadas con la idea de convertirse en persas.

Cuando las colonias griegas se rebelaron, recibieron el apoyo de las ciudades-estado griegas continentales, iniciándose así una guerra entre Persia y Grecia que acabaría con la caída del Imperio persa.

El Imperio parto (247 a. e. c.-244 e. c.)

Con el declive del Imperio persa, la siguiente gran civilización en surgir en la línea temporal de la historia fue el Imperio parto.

Es posible que conozca el famoso periodo helenístico. Este periodo coincidió con el Imperio parto en nuestra línea temporal. El Imperio parto estaba situado más al este, donde recibió algunas influencias helenísticas de los vecinos que viajaban por la Ruta de la Seda.

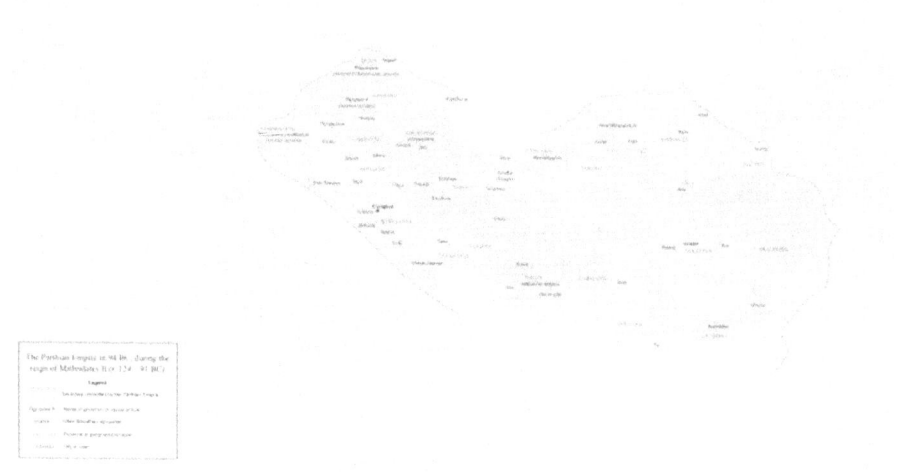

El Imperio parto en su máxima extensión en el año 94 a. e. c.
*Archivo original de Ro4444, editado por mí, CC BY-SA 4.0
<https://creativecommons.org/licenses/by-sa/4.0>, vía Wikimedia Commons
https://commons.wikimedia.org/wiki/File:Map_of_the_Parthian_Empire_under_Mithridates_II.s
vg*

El corazón del Imperio parto se encontraba en el actual Irán. Al este, el imperio abarcaba lo que hoy son partes de Turquía, Armenia y Turkmenistán. El imperio se extendía desde Irán hacia el norte hasta el mar Caspio. Por el sur, llegaba hasta el golfo Pérsico. Como muchos imperios, las fronteras del Imperio parto cambiaron a lo largo de su historia.

La posición del Imperio parto a lo largo de la Ruta de la Seda le permitió controlar el comercio terrestre entre el Mediterráneo y Asia. La toma de ciudades clave en el golfo Pérsico permitió al Imperio parto controlar centros comerciales vitales para el comercio marítimo.

Como juego de poder, los partos utilizaron su poderoso ejército y su posición geográfica para controlar el comercio de la seda. Se negaron a permitir que los romanos comerciaran directamente con la dinastía china Han, que poseía la codiciada seda. Los partos se mantuvieron firmemente plantados en el centro como intermediarios entre los Han y Roma.

El *Hou Hanshu* (*Libro de Han Posterior*) es un conocido relato histórico de la dinastía Han escrito por Fan Ye, que vivió entre los años 398 y 445 de nuestra era. Esta cita del *Hou Hanshu* explica lo que los Han se enteraron de que Partia controlaba el comercio de la seda a lo largo de la Ruta de la Seda.

«Ellos [los romanos] comercian con Anxi [Partia] y Tianzhu [noroeste de la India] por mar. El margen de beneficio es de diez a uno. El rey de este país siempre quiso despachar enviados a Han, pero Anxi, deseoso de controlar el comercio de sedas chinas multicolores, bloqueó la ruta para impedir que [los romanos] pasaran [a China]»[9].

El gobierno del Imperio parto reconocía lo importante que era la posición de Partia como intermediaria en la Ruta de la Seda. Los políticos disfrutaban de la riqueza y, a su vez, daban prioridad a un ejército fuerte y un estado organizado para mantener todo a lo largo de su parte de la Ruta de la Seda funcionando sin conflictos.

La importancia del comercio era tan reconocida que, a pesar de las tensiones, los conflictos entre la dinastía Han, el Imperio romano y los partos se resolvían pacíficamente. Durante este periodo, el emperador romano envió una carta al gobernante parto pidiéndole que formaran una alianza basada en el comercio de especias y textiles. El acuerdo fue fructífero.

La diplomacia era el objetivo de los tres imperios. El desarrollo de relaciones positivas entre los imperios a través de los principios de la diplomacia fue solo otra marca que cambió el mundo en la lista de conceptos fuertemente influenciados por la existencia de la Ruta de la Seda. La gente se dio cuenta de que el éxito mutuo de las economías a través del intercambio comercial, incluso entre países e imperios que tenían tensiones entre sí, era más importante que la lucha.

La República romana (509-27 a. e. c.) y el Imperio romano (27 a. e. c.-476 e. c.)

A diferencia de otros imperios de los que hemos hablado, la República romana y el Imperio romano no utilizaron directamente la Ruta de la Seda como principal ruta comercial. El uso romano de la Ruta de la Seda fue más bien indirecto, pasando por intermediarios como los partos para entrar en contacto con el Lejano Oriente.

En el año 53 a. e. c., los romanos sufrieron lo que se conoce como una de sus peores derrotas militares. Marco Licinio Craso y sus hombres fueron derrotados por el Imperio parto en la batalla de Carras.

---

[9] Fan Ye. *Hou Hanshu* (*Libro de los últimos Han*).

La batalla se prolongó durante toda la mañana, con oleadas de hombres partos atacando repetidamente a las tropas romanas. Los romanos se mantuvieron firmes y no vacilaron, con la esperanza de que aún serían capaces de derrotar a los partos y ganar la batalla.

Fue justo después del mediodía cuando ocurrió algo totalmente inesperado. Los partos organizaron otra ronda de ataques, esta vez con un giro. Los soldados partos llegaron corriendo a la batalla, golpeando tambores, disparando flechas y haciendo una cacofonía de ruido. Ante la atónita mirada de los soldados romanos, los partos desplegaron brillantes estandartes de seda.

El historiador romano Lucio Anneo Floro, que vivió entre los años 74 y 130 e. c., ofrece una descripción de los estandartes de seda.

> «Apenas había llegado [Craso] a Carras, cuando los generales del rey, Silaces y Surena, desplegaron a su alrededor sus banderas, enarbolando estandartes de oro y sedas; entonces, sin demora, la caballería, volcándose por todos lados, descargó sobre ellos una lluvia de armas tan espesa como la del granizo o la lluvia. Así, el ejército fue destruido en una matanza lamentable»[10].

Nunca antes habían visto seda. Los atrevidos colores, la brillante forma en que el material reflejaba la luz en el campo de batalla y la belleza del tejido los dejaron atónitos. Este momento de pausa permitió a los partos ganar el terreno que necesitaban. Los soldados romanos empezaron a correr sobresaltados y a romper filas, dando ventaja a los partos en la batalla.

Por supuesto, no toda la batalla se perdió simplemente porque los romanos vieran los deslumbrantes estandartes. Hubo otros factores en juego, como algunas malas decisiones de estrategia de batalla tomadas por Craso y las excelentes estrategias militares utilizadas por los partos.

Algunos historiadores creen que este fatídico día fue la primera vez que el Imperio romano entró en contacto con la seda. A partir de entonces, los romanos quisieron encontrar la forma de conseguir seda también para ellos. Se abrió la puerta para empezar a comerciar a lo largo de la Ruta de la Seda y adquirir este lujoso textil a los chinos. Pronto, la élite romana clamó por hacerse con toda la seda cara que

---

[10] https://archive.org/stream/in.ernet.dli.2015.184585/2015.184585.Lucius-Annaeus-Florus_djvu.txt
pág. 212.

pudiera.

Para los romanos, la seda era un tejido misterioso. No conocían los gusanos de seda que los chinos criaban y utilizaban para crear esta hermosa tela. Algunos pensaban que crecía en los árboles. Otros sospechaban que el amor por la seda provocaría celos e inmoralidad y haría que los hombres quisieran poseer un exceso de bienes que dejaría al imperio debilitado por el egoísmo.

La obsesión romana por la seda no amainó. Al contrario, se convirtió en una manía hasta que los romanos comerciaban con la seda y otros artículos de lujo a través de intermediarios tan rápido como podían. La seda era increíblemente cara, comparable a las perlas o al tinte púrpura, y a menudo estaba recubierta de oro, lo que aumentaba aún más el factor sorpresa y el costo.

Durante los dos primeros siglos de la era común, los romanos importaron otros artículos de lujo junto con los hilos de seda. Compraban piedras preciosas, como perlas y esmeraldas, y especias. Las especias indias y árabes, como la nuez moscada, el clavo, el cardamomo y la pimienta, eran algunas de las más populares y tenían un doble uso. Las especias no solo servían para comer, sino también como afrodisíacos para acompañar el atractivo de las sensuales sedas.

Los historiadores calculan que, en el año 65 de nuestra era, ¡los romanos gastaban el equivalente actual de hasta mil millones de dólares en importaciones de lujo al año!

En el siglo IV e. c., el Imperio romano promovió la tolerancia del cristianismo bajo el mandato del emperador Constantino, lo que hizo que muchas personas se convirtieran al cristianismo. Las ciudades situadas a lo largo de las rutas comerciales se convirtieron de repente en centros de la religión. Esto tuvo un impacto perdurable en la difusión del cristianismo a lo largo de la Ruta de la Seda.

Los misioneros también salieron a lo largo de la Ruta de la Seda para establecer iglesias en las mayores ciudades comerciales y portuarias. Utilizaron a los comerciantes e intermediarios para difundir las semillas del cristianismo de oeste a este.

A lo largo de la dilatada historia de la Ruta de la Seda, tanto los romanos como los chinos adquirieron un inmenso poder blando a través del comercio. Difundieron sus influencias culturales por todas partes. Los chinos se enriquecieron con el comercio de la seda, y los romanos obtuvieron beneficios económicos con el envío de sus propios productos a los chinos, que incluían vino y vasos de cristal de colores brillantes que se convirtieron en un bien de lujo muy apreciado en China.

Un vaso de vidrio verde romano hallado en una tumba Han oriental
https://commons.wikimedia.org/wiki/File:Green_glass_Roman_cup_unearthed_at_Eastern_Han_tomb,_Guixian,_China.jpg

Sin embargo, a pesar de todos los beneficios mutuos que ambos imperios compartían, no se encontraron cara a cara, sino que solo intercambiaron mercancías a través de muchas manos a lo largo de la ruta entre China y el Mediterráneo.

¿Cómo habría sido diferente la historia si los chinos y los romanos hubieran interactuado directamente entre sí? Podemos hacer conjeturas, pero nunca sabremos realmente la respuesta.

La dinastía Tang (618-907 e. c.)

Hay un imperio importante implicado en el comercio de la Ruta de la Seda que aún no hemos mencionado: la dinastía Tang de China.

Para que nos hagamos una idea clara de la cronología, la dinastía Tang coexistió con el auge de los estados europeos medievales y el comienzo de la Edad Media. La India también comenzaba su periodo medieval. En América, la civilización maya se derrumbaba y comenzaba el periodo posclásico. El Imperio bizantino y los califatos islámicos estaban en conflicto y también participaban en el comercio a lo largo de la Ruta de la Seda.

El mundo se estaba convirtiendo en un lugar ajetreado. A medida que la gente empezaba a explorar más, el comercio y la diplomacia eran de suma importancia en el escenario mundial. Los gobernantes de la dinastía Tang reconocieron la importancia del comercio para su imperio. Las infraestructuras eran muy importantes para que el comercio se desarrollara sin problemas por toda la región.

La dinastía Tang se enorgullecía de su organización y administración. Tenían unos 32.100 kilómetros (19.900 millas) de rutas postales por toda la región, con correo transportado tanto a caballo como en barco[11].

La dinastía Tang prefería transportar en barco una gran cantidad de mercancías dentro de China. Los chinos construyeron su famoso Gran Canal durante la dinastía Sui (581-618 e. c.). Durante la dinastía Tang, el canal se amplió y se mantuvo con gran esmero. El canal transportaba mercancías entre el río Amarillo y el Yangtsé, incluido el grano que se tomaba como pago de impuestos, productos agrícolas y militares. El Gran Canal conectaba por barco el norte y el sur de China.

Los transportes militares a través del canal permitían a China mantener un país fuerte y seguro. Las amenazas podían ser rápidamente extinguidas, con tropas y caballos, junto con su artillería, bajando a toda velocidad por el canal en cualquier momento. Al igual que en la Ruta de la Seda, el conocimiento, la cultura y las ideas también viajaban con los hombres que navegaban por el canal y regresaban. Esto ayudó a China a unificarse como país, ya que el norte y el sur empezaron a compartir ideales comunes.

La dinastía Tang no tardó en aprovechar esta eficaz vía de transporte. Empezaron a cobrar un impuesto a los mercaderes que transportaban mercancías por el Gran Canal, lo que impulsó su economía.

La Ruta de la Seda se cruzaba con el Gran Canal en varias ciudades portuarias, que se convirtieron en centros multiculturales de comercio. Yangzhou, Suzhou y Hangzhou eran algunas de ellas. Los mercaderes de la Ruta de la Seda se reunían en estas ciudades para intercambiar mercancías.

Un centro de comercio internacional que sigue siendo famoso en China es el Mercado Occidental Tang de Xi'an (entonces conocido como Chang'an).

---

[11] "Trade under the Tang Dynasty". https://courses.lumenlearning.com/suny-hccc-worldcivilization/chapter/trade-under-the-tang-dynasty/.

Chang'an fue una importante ciudad durante la dinastía Tang que albergó el mayor mercado del mundo durante ese periodo. Los estudios arqueológicos muestran que el mercado tenía aproximadamente un kilómetro cuadrado o 0,4 millas cuadradas. El mercado estaba dividido en nueve regiones rectangulares, similares a manzanas de una ciudad, con más de doscientos tipos de mercancías que se comerciaban en miles de tiendas diferentes. Se calcula que pasaban por él unas 150.000 personas al día.

Los vendedores eran tanto locales como internacionales, y las mercancías estaban muy influenciadas por el comercio de la Ruta de la Seda. Chang'an se convirtió en un centro de estudios culturales para la gente de la Ruta de la Seda, gracias a su condición de centro de comercio y a toda la diplomacia política amistosa que rodeaba al Mercado Occidental Tang. Muchos eruditos de otras regiones anhelaban ir a Chang'an a estudiar.

Tanto la Ruta de la Seda como el Gran Canal contribuyeron a crear el Mercado Occidental Tang y a catapultar a Chang'an como un municipio multicultural único.

Seguro que ha oído hablar del famoso canal de Panamá. Quizá le sorprenda saber que el Gran Canal de la dinastía Tang es veintidós veces más largo que el canal de Panamá. El canal de Panamá solo tiene unas cincuenta millas (ochenta kilómetros) de longitud. El Gran Canal de China mide 1.776 kilómetros. Fue toda una proeza de ingeniería para la época en que se construyó.

El Gran Canal se construyó en un periodo de seis años para conectar la capital, Pekín, con la ciudad de Hangzhou, en la región agrícola del sur de China. El Gran Canal no era un canal completamente nuevo, sino un proyecto para conectar varios canales ya existentes en China.

Por ejemplo, ya existía un canal entre el río Yangtsé y el río Huai, y otro canal llamado canal de Hong Gou que conectaba el río Amarillo con el río Bian. Estos antiguos canales se convirtieron en el Gran Canal bajo la estricta dirección del emperador Yang durante la dinastía Sui, una dinastía de corta duración que precedió a la dinastía Tang.

El emperador Yang era conocido por su tiranía y obligó a muchos campesinos a trabajar hasta la muerte en el proyecto del Gran Canal. Aunque no se conoce el número exacto, se necesitaron millones de hombres chinos para construir el canal. El proyecto se completó finalmente en el año 609 de la era cristiana.

En el siglo XIV, el Gran Canal bullía de actividad. El gobierno chino contaba con más de once mil barcazas para transportar grano por el canal. Durante ese periodo, más de 45.000 trabajadores se ocupaban regularmente del mantenimiento del canal.

Mientras los ciudadanos se afanaban en la construcción del Gran Canal y el comercio de mercancías durante la dinastía Tang, la administración recorría febrilmente la Ruta de la Seda en numerosas misiones diplomáticas. De hecho, la dinastía Tang estableció contactos amistosos con más de trescientas regiones diferentes a lo largo de las rutas comerciales[12].

La dinastía Tang presentó una China unida, aglutinando tribus más pequeñas y diferentes regiones con una cultura más unificada. La dinastía Tang se vio favorecida en parte por la difusión de información a través del Gran Canal, lo que se tradujo en un fuerte poder nacional. Los embajadores de la dinastía Tang eran personas curiosas y muy hábiles para comprender nuevas culturas o hacer valoraciones inteligentes de nuevos lugares. Esto les proporcionó una ventaja en la escena mundial, lo que les permitió tener un gran éxito y prosperidad en el comercio pacífico a lo largo de la Ruta de la Seda.

---

[12] "The Prosperity of the Silk Road in the Tang Dynasty".
http://en.shaanxi.gov.cn/as/hac/hos/201704/t20170428_1595517.html.

Capítulo 4: Los bienes más valiosos de la Ruta de la Seda

Ahora que conocemos el importante papel que desempeñó la Ruta de la Seda en la historia del mundo, quizá deberíamos hablar de lo que se comerciaba a lo largo de la Ruta de la Seda. Por supuesto, la seda era el artículo más famoso; después de todo, la ruta llevaba su nombre. Aunque sin duda la seda dejó una huella indescriptible en la historia mundial, no fue lo único importante que compartieron países y culturas a lo largo de la Ruta de la Seda.

Seda

Según cuenta la leyenda, alrededor del año 3000 a. e. c., la emperatriz Leizu estaba tomando una taza de té cuando un capullo de gusano de seda cayó del árbol justo en su taza. Sorprendida, la emperatriz sacó el capullo del té y empezó a desenrollarlo. Admiró las largas y sedosas fibras y decidió intentar tejerlas.

El resultado fue magnífico. Su marido, el emperador Amarillo, le recomendó que estudiara la vida del gusano de seda. Dio instrucciones a sus sirvientes para que la ayudaran a empezar a cultivar gusanos de seda, y fue entonces cuando la emperatriz Leizu se hizo famosa en la mitología china como la diosa de la seda.

Esta historia es solo una leyenda transmitida de generación en generación. ¿Qué ha desvelado realmente la historia sobre los inicios de la seda? Como la seda es un tejido delicado, no sobrevive adecuadamente en tumbas o sepulturas, pero los arqueólogos han podido descubrir bastantes pistas sobre los orígenes de la seda en la historia de la humanidad.

Hace más de 8.500 años, la humanidad se encontraba en el Neolítico o, como algunos prefieren llamarlo, la Edad Nueva de la Piedra. Los humanos acababan de pasar de la caza y la recolección a los cultivos y la cría de ganado. También crearon comunidades agrícolas asentadas, que se convirtieron en las primeras aldeas. La gente tenía más tiempo con su estilo de vida sedentario, así que empezaron a experimentar con la metalurgia, a dedicar más tiempo a la religión y a desarrollar sus talentos artísticos.

La alfarería era una forma de arte común durante este periodo. Casi todas las creaciones artísticas tenían un uso práctico. Los cuencos o jarras estaban decorados con escenas de la vida cotidiana, la religión o intrincados dibujos, pero se utilizaban para cocinar o almacenar.

Sorprendentemente, el tejido de la seda fue posiblemente una de las primeras artes practicadas en la China neolítica. Los arqueólogos descubrieron restos de fibroína de seda en el interior de tumbas neolíticas excavadas en Jiahu (China).

Aunque no se ha precisado la fecha exacta, estas tumbas datan del periodo comprendido entre el 7000 y el 5000 a. e. c. Junto a las fibras de seda, los arqueólogos descubrieron restos de agujas de hueso y herramientas para tejer.

En la cercana Shanxi, se descubrieron trozos de un capullo de seda limpiamente cortado mientras se excavaba un yacimiento abandonado por la cultura de Yangshao. Esto sugiere que entre el 4000 y el 3000 a. e. c., los humanos criaban gusanos de seda. Un capullo blanco sólido solo procede del gusano de seda domesticado.

En una excavación de Yangshao datada en el año 3630 a. e. c., se descubrió una envoltura de seda tejida que envolvía el cuerpo de un niño colocado dentro de una urna funeraria. Se trata de la muestra más antigua encontrada por los arqueólogos de tejidos de seda intactos.

Durante muchos años, China prohibió la importación de gusanos de seda. El cultivo de gusanos de seda, o sericultura, era un secreto chino muy bien guardado. Era tan secreto que otras culturas que disfrutaban del comercio de este precioso tejido a lo largo de la Ruta de la Seda empezaron a desarrollar sus propias historias de origen para explicar cómo se producía la seda. Los romanos, por ejemplo, estaban convencidos de que la seda procedía de unas hojas de árbol especiales.

¿Sabía que en China la sericultura y el tejido de la seda eran solo para los más ricos de la sociedad? Era un arte principalmente femenino y, al principio, estaba restringido solo a la familia imperial. Con el paso del tiempo, la seda también se permitió a las mujeres nobles. No fue hasta la dinastía Qing (1644-1911) cuando se permitió a los campesinos acceder a la seda.

Durante la dinastía Han, que fue el origen de la Ruta de la Seda oficial en nuestra cronología, la seda se convirtió en mucho más que un simple textil. La seda era similar al oro en el sentido de que se utilizaba como pago al gobierno junto con las monedas de bronce. Se compartía con otras potencias cuando los emperadores chinos enviaban misiones diplomáticas para explorar y establecer relaciones comerciales con las regiones vecinas.

También se pagaba con seda a los soldados, que a su vez comerciaban con nómadas y estos con otros. Se puede ver fácilmente cómo la seda se convirtió en una de las mercancías más importantes comercializadas a lo largo de la famosa ruta comercial desde los primeros momentos de la historia conocida de la Ruta de la Seda.

Cuando las culturas extranjeras vieron la belleza de la seda brillante, quedaron fascinadas. Su popularidad se disparó entre la élite y los ricos, convirtiéndose en uno de los artículos de lujo más populares del planeta.

La seda tuvo un impacto de largo alcance en la economía mundial. Tendió puentes entre culturas, uniendo regiones que, de otro modo, probablemente habrían estado en guerra entre sí (no quiere decir que la seda fuera un artículo mágico que evitara la guerra, pero hizo que los imperios se lo pensaran dos veces antes de atacar, ya que afectaría al comercio). Impulsó las economías e inspiró el comercio en toda Asia y Europa. Hoy en día, la seda sigue siendo un artículo de lujo, y China sigue produciendo alrededor del 80% de la seda mundial.

Especias

¿Se ha enfrentado alguna vez al feroz Cinnamologus?

Es muy probable que no, porque esta ave de fábula vivió hace unos 2.500 años. Los comerciantes árabes contaron a los antiguos griegos y romanos cómo utilizaban trozos de carne para engañar al Cinnamologus y atraerlo lejos del nido. Cuando el Cinnamologus cogía los grandes trozos de carne y volaba de vuelta a su nido, el peso del ave al aterrizar con la carne hacía que el gran nido se derrumbara, esparciendo palitos de canela para que los comerciantes los recogieran.

La especia casia tiene una historia de origen similar. El historiador griego Heródoto cuenta que la casia se recolectaba en un lago protegido por «criaturas aladas como murciélagos, que chillaban alarmantemente y eran muy pugnaces»[13].

El comercio internacional de especias a lo largo de la Ruta de la Seda estaba muy vigilado por los comerciantes. No querían compartir sus fuentes secretas de especias por miedo a que otros se entrometieran. Así nacieron los cuentos chinos, creídos incluso por personas que vivían lejos de las tierras orientales donde se cultivaban las especias.

Las historias fantásticas sobre el origen de las especias se extendieron por toda Europa durante la Edad Media, cuando la gente intentaba comprender de dónde procedían. Una historia que aún perdura cuenta que el clavo se recogía con redes en el río Nilo, en Egipto. La gente de Occidente no tenía ni idea de dónde procedían estas especias repletas de sabor, y los comerciantes querían que siguiera siendo así para asegurar su negocio.

Hoy en día, podemos comprar casi cualquier tipo de especia o condimento en el supermercado, en un mercado cultural o incluso por Internet con facilidad. Hace años, antes de que nuestro mundo estuviera interconectado gracias a los viajes, la gente se limitaba a las plantas que crecían en sus propias regiones. Como se puede imaginar, esto daba lugar a muy poca variedad culinaria.

El valor de las especias y hierbas secas era muy alto para los comerciantes. Tenían múltiples usos; por ejemplo, podían emplearse como condimento o medicina. Lo mejor de todo es que eran muy fáciles de transportar. Las especias ocupaban poco espacio, lo que era importante cuando se viajaba en caravana o en un barco pequeño. La relación valor-peso de las especias las convertía en un lucrativo artículo comercial.

La palabra «especias» deriva del término latino *species*, que se traduce como «mercancías especiales». Las especias no eran un artículo de comercio ordinario; eran un poco diferentes de los artículos de comercio ordinarios y a menudo mucho más valiosos.

Aunque las especias se comerciaban a lo largo de las rutas terrestres tradicionales de la Ruta de la Seda, el comercio de especias más eficiente y conocido se realizaba a lo largo de las rutas marítimas de la Ruta de la

---

[13] Heródoto, *Historias*.

Seda. Estas rutas marítimas partían de la costa occidental de Japón, rodeaban las islas de Indonesia, hacían escala en la India y Oriente Próximo y cruzaban el Mediterráneo para llegar a Europa, donde las especias se extendían por todo el continente hasta la actual Gran Bretaña. Los historiadores afirman que el comercio de especias marcó el inicio de la globalización.

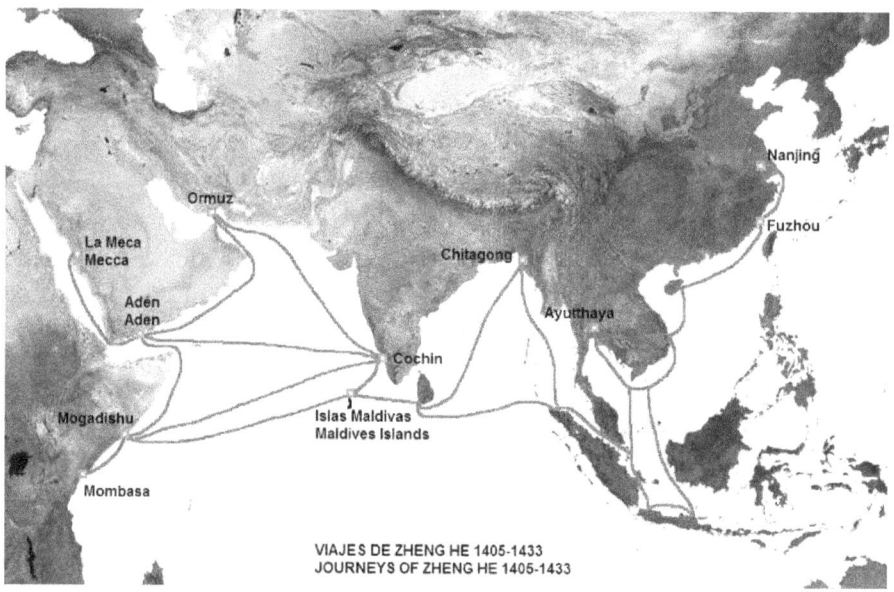

Las rutas marítimas de la Ruta de la Seda. También se puede ver las rutas tomadas por Zheng He, un almirante musulmán que exploró el Sudeste Asiático, Oriente Medio y otras regiones en el siglo XV

Continentalis, CC BY-SA 3.0 <https://creativecommons.org/licenses/by-sa/3.0>, vía Wikimedia Commons https://commons.wikimedia.org/wiki/File:Zheng_He.png

¿Qué especias se comercializaban a lo largo de la Ruta de la Seda?

La mayoría de las especias de la época de la Ruta de la Seda procedían de plantas tropicales que solo podían cultivarse en el calor y la humedad del Lejano Oriente, no en los climas más frescos y secos de Europa. Los europeos podían cultivar hierbas como albahaca, menta, romero y tomillo, pero las especias más fuertes procedían de los trópicos, a miles de kilómetros de distancia, lo que las convertía en un manjar exótico.

Entre estas especias estaban la pimienta, el clavo, el macis y el comino. Estas especias eran caras, pero los nobles adinerados podían permitírselas.

La pimienta se transportaba en caravanas cuidadosamente custodiadas porque era un artículo muy codiciado. Los romanos utilizaban pimienta en sus platos en el siglo I de nuestra era. Los granos de pimienta solo crecían en la costa de la India y las islas indonesias, por lo que solo podían llegar a Roma y Europa a través de las rutas comerciales. El clavo, el macis y el comino se transportaban del mismo modo que la pimienta. Al principio se comerciaba con ellas por las rutas marítimas y después por la Ruta de la Seda en paquetes a lomos de camellos o en carretas para que estuvieran a salvo de los ladrones.

Las especias más valiosas valían más que su peso en oro. Estas especias eran la canela, la nuez moscada, el jengibre y el azafrán. Estas costosas especias solo estaban al alcance de la élite de la sociedad. Los reyes utilizaban las especias para presumir de las comidas elaboradas que podían tener, haciendo que estas especias se asociaran con la riqueza y el poder.

El dominio de los árabes como intermediarios en el comercio de especias se mantuvo hasta 1498, cuando el explorador portugués Vasco da Gama consiguió rodear el extremo sur de África para llegar a la India por primera vez en la historia europea. Esto inició una batalla con los árabes, que no estaban muy contentos de renunciar a su control sobre el comercio de especias.

¿Sabe qué otros exploradores famosos zarparon para intentar llegar a la India en busca de especias?

Cristóbal Colón buscaba pimienta y una ruta para entrar en el comercio de especias cuando se equivocó de ruta.

Sin las escurridizas y lujosas especias del Lejano Oriente, el comercio y la exploración mundiales nunca se habrían puesto en marcha, alterando la historia tal y como la conocemos.

En la Ruta de la Seda, las especias representaban algo más que un placer para el paladar. El comercio de especias dio forma a las tradiciones culinarias a lo largo de toda la ruta comercial. Las especias también servían de indicador del transporte de conocimientos y cultura a lo largo de la Ruta de la Seda. Donde iban las especias, seguían las ideas religiosas y culturales, junto con ingentes cantidades de riqueza.

Hoy podemos seguir el rastro de las especias a lo largo de la Ruta de la Seda basándonos en la herencia gastronómica compartida. No solo encontramos platos comunes elaborados con ingredientes similares a lo largo de la Ruta de la Seda, sino también ideas comunes. Por ejemplo, la idea de comidas frías y calientes de Irán es la misma en la cultura china y es similar al concepto de ayurveda de la India. Este es el resultado directo de la mezcla de culturas a lo largo de la ruta comercial.

Metales preciosos y gemas

Hablando de enormes cantidades de riqueza, las especias no eran los únicos productos que generaban dinero y que se comercializaban a lo largo de la Ruta de la Seda. A las exóticas especias del Lejano Oriente se sumaban llamativas piedras preciosas y metales preciosos que cautivaban a la élite de la sociedad occidental.

En lo más profundo de las montañas del Hindú Kush, aún en nuestros días, se encuentra una mina en una zona tan remota que solo abre unos pocos meses de verano al año. Esta mina se encuentra en Sar-e-Sang, un valle situado en la actual Badajshán, Afganistán.

La piedra preciosa que se extrae en Sar-e-Sang se llama lapislázuli. El filósofo griego Teofrasto, que vivió entre el 372 y el 287 a. e. c., llamaba lapislázuli al zafiro manchado de oro.

Extraer los depósitos de lapislázuli de las profundidades de las montañas del Hindú Kush era una ardua labor para los mineros. Las rocas calizas de la mina eran tan duras que los antiguos mineros tenían que utilizar fuego para romperlas y extraer las gemas. El lapislázuli se extraía en grandes bloques. Estos bloques se sacaban de las minas a lomos de hombres, luego se transportaban en burro a los campamentos y después a una aldea cercana. Los grandes bloques se tallaban para el comercio.

Hoy en día, el lapislázuli se sigue extrayendo de las minas exactamente de la misma manera, a lomos de hombres, y se transporta en burros a través del abrupto terreno montañoso y los altos puertos hasta la aldea más cercana.

Anillo romano o griego de lapislázuli
Museo Metropolitano de Arte, CC0, vía Wikimedia Commons;
https://commons.wikimedia.org/wiki/File:Lapis_lazuli_ring_stone_MET_DP261142_(cropped).jpg

El lapislázuli se consideraba un tesoro en el mundo antiguo. Se ha encontrado en yacimientos arqueológicos de muchos lugares, como la antigua Ur, la Mesopotamia neolítica, Grecia, el Imperio romano, Egipto y China. Solo se ha encontrado lapislázuli en las tumbas de los miembros más ricos de estas sociedades. Era venerado por su color azul y se utilizaba en rituales de muchas sociedades, como los hebreos, los babilonios y los asirios.

Más conocida que el lapislázuli es la gema verde brillante llamada jade. El jade desempeñó un papel importante en el comercio diplomático durante la dinastía Tang y contribuyó a los factores que permitieron el florecimiento y crecimiento de la Ruta de la Seda.

En China, el jade era famoso por la fabricación de herramientas y como hermosa piedra preciosa ritual. Para los chinos, el jade representaba las cinco cualidades que todo hombre debía tener: bondad, moralidad, sabiduría, valentía y pureza. El jade era sinónimo de pureza e indestructibilidad.

El aspecto indestructible del jade lo convirtió en el material perfecto para fabricar herramientas en épocas anteriores a la fundición y la forja.

Es posible que haya oído hablar de la Edad de Bronce, que tuvo lugar hace unos cinco mil años. Los historiadores afirman que hubo una edad del jade, menos conocida, que coincidió con la Edad del Bronce en China y en zonas tan occidentales como el Mediterráneo, debido a la prevalencia de la fabricación de herramientas de jade.

Los chinos agotaron sus minas de jade; quizá adivine lo que ocurrió a continuación.

La ruta del comercio se abrió por completo.

Los chinos localizaron otra fuente de jade en Jotán, en el extremo occidental de China, a lo largo de la Ruta de la Seda. Jotán se convirtió en un importante centro comercial y una ciudad multicultural. La ciudad era conocida por ser la primera zona fuera de China central en cultivar moreras, el alimento de los gusanos de seda utilizados para fabricar hilos de seda. Los habitantes de Jotán también se hicieron famosos por sus alfombras, tan valiosas como los metales preciosos.

El comercio de herramientas de jade decayó cuando China se convirtió en un centro de tecnología avanzada del bronce durante la Edad de Bronce. Sin embargo, el jade siguió siendo una gema casi sagrada para la cultura china a lo largo de su historia, y aún hoy sigue desempeñando un papel importante.

En Occidente, pensamos en el oro como el metal precioso por excelencia. En China y a lo largo de la Ruta de la Seda, el oro era valioso, aunque no tanto como el jade, sobre todo en China. Otros objetos tenían tanto o más valor que el oro, como la seda o las piedras preciosas.

Tanto el oro como la plata se utilizaban como moneda para comprar y vender mercancías en la Ruta de la Seda. Como la Ruta de la Seda era tan larga y atravesaba muchos países y culturas, se hizo necesario intercambiar divisas entre regiones. Una forma sencilla de hacerlo era mediante el peso del oro o la plata de una moneda.

No importaba de dónde procediera la moneda. El valor se determinaba simplemente por el peso, creando sencillos cambios de moneda que abarcaban todas las regiones de la Ruta de la Seda.

Las monedas de oro y plata son muy duraderas y no se deterioran como otros objetos que se intercambiaban a lo largo de la Ruta de la Seda. Esto ha dejado a los arqueólogos un asombroso rastro de pruebas en lo que respecta al comercio. Se han encontrado monedas de oro y plata de varios países a lo largo de la ruta comercial, lo que demuestra lo lejos que podían viajar las personas y sus mercancías (¡y sus monedas!).

Se han encontrado monedas del Imperio persa y del Imperio bizantino hasta en China, junto con los cadáveres de comerciantes y funcionarios extranjeros.

Los chinos fueron una excepción a las monedas de oro y plata, ya que preferían utilizar el jade y la seda en el comercio. Algunas pruebas demuestran que podrían haber llevado monedas de oro como colgantes.

El oro también se usaba en otras culturas de la Ruta de la Seda. El oro se tejía en seda, se bordaba en prendas de vestir y, por supuesto, se convertía en joyas. Se utilizaba como símbolo de riqueza y estatus, al igual que las piedras preciosas.

El oro de la Ruta de la Seda se extraía a lo largo del Mediterráneo, principalmente en el norte de África, en la región del Sáhara. Desde allí, el oro se intercambiaba por otras mercancías como especias, ropa, seda y piedras preciosas. El oro viajaba de vuelta a Extremo Oriente a lo largo de la Ruta de la Seda, lo que demuestra lo intrincada que era la red de comercio.

El lapislázuli se extraía en montañas frías y de gran altitud, y se enviaba a través de la Ruta de la Seda. En cambio, las perlas se recogían en el cálido golfo Pérsico y se unían al precioso lapislázuli en la ruta comercial como artículo de lujo para los ricos. Ya en la antigua Mesopotamia se mencionan las perlas de calidad excepcional. También se han encontrado en la India, Asia central, China y Europa.

En general, la importancia cultural de las piedras preciosas y los metales preciosos que se extraían y comercializaban a lo largo de la Ruta de la Seda era inconmensurable. Junto con la seda, las piedras preciosas y los metales preciosos impulsaron los avances diplomáticos en las regiones de la Ruta de la Seda, allanando el camino para un mayor comercio y expansión.

Otros bienes valiosos

Hasta ahora, hemos mencionado bastantes productos comerciales importantes en la Ruta de la Seda, como la seda, las especias, las gemas y los metales preciosos. La Ruta de la Seda era como una ventanilla única, un gran centro de comercio para todo lo que se pudiera imaginar (al menos todo lo que podía viajar en caravana o en barco entre regiones remotas).

Hoy, cuando hablamos de porcelana, ¿qué nos viene a la mente? Para algunos de nosotros, será el trono de porcelana o el inodoro. Para otros, pensaremos en porcelana fina sobre una mesa elegante. En la época de la Ruta de la Seda, la gente asociaba la porcelana con el país de China porque los chinos eran prolíficos productores de esta cerámica dura y translúcida.

El comercio de porcelana comenzó en la dinastía Tang, durante la expansión inicial de la Ruta de la Seda. Empezó como vajilla fina y artículos decorativos, pero pronto se extendió a magníficas decoraciones y obras de arte únicas producidas en enormes hornos durante la dinastía Ming.

El amor por la porcelana se extendió a lo largo de la Ruta de la Seda, y con él la cultura y las obras de arte chinas. La cerámica de porcelana china tenía diseños intrincados que se mezclaban con las obras de arte de otras culturas, ya que la cerámica se intercambiaba y compartía de región a región.

Durante muchos años, los chinos mantuvieron en secreto sus métodos de fabricación de porcelana, de la misma forma que guardaron el secreto sobre el verdadero origen de la seda. Con el tiempo, otras culturas aprendieron a fabricar su propia porcelana. Los persas tenían su propio estilo de cerámica, muy influido por la porcelana china.

¿Qué cree que bebía la gente en sus tazas de porcelana fina? Si pensó inmediatamente en el té, ¡estaría en lo cierto! Las hojas de té eran otro famoso producto que se comercializaba a lo largo de la Ruta de la Seda.

Una vez más, nuestro viaje comienza en las profundidades de China, esta vez alrededor del año 2737 a. e. c. En algún momento de este año legendario, el emperador Shennong estaba ocupado en sus asuntos mientras hervía agua debajo de un árbol.

El destino quiso que una ráfaga de viento desprendiera unas hojas de una planta de *Camellia sinensis* que había cerca y que cayeran justo en su olla de agua hirviendo.

El resultado fue toda una sorpresa. Tenía un sabor agradable y, según cuenta la leyenda, también propiedades medicinales. Fue la primera tetera de la historia.

A partir de ese momento, el té se cultivó a partir de las hojas de la planta *Camellia sinensis*. Entre los siglos XVI y III a. e. c., los chinos perfeccionaron el cultivo de las hojas de té y empezaron a transportar hojas secas por toda la región. Durante la dinastía Tang, el té ganó popularidad y se abrieron las casas de té.

En ese momento, las hojas de té empezaron a viajar por la Ruta de la Seda, extendiéndose a otras culturas cercanas. Con el tiempo, el té se convirtió en una bebida conocida internacionalmente. El té dulce que se bebe hoy en día en el sur de Estados Unidos nunca habría sido posible si el té no hubiera viajado por la Ruta de la Seda.

Hubo otro artículo muy importante que viajó por la Ruta de la Seda y que cambió por completo la historia tal y como la conocemos. Sí, en la Ruta de la Seda se comerciaba con pieles, ganado, textiles, alimentos e incluso esclavos, pero ¿y el papel?

Los chinos irrumpieron de nuevo en escena con un descubrimiento revolucionario: la fabricación de papel.

El primer papel chino se fabricaba con materiales como la corteza de morera, el bambú y el cáñamo, que se machacaban hasta convertirlos en pulpa, se humedecían con agua y se extendían para que se secaran.

Al principio, el papel era un lujo reservado solo para documentos oficiales importantes, escritos y obras de arte especiales. Con el tiempo, se establecieron fábricas de papel por toda China, lo que hizo que el papel fuera más común y accesible.

Al principio, el papel en la Ruta de la Seda era un concepto novedoso. Pronto se impuso, ya que los eruditos empezaron a escribir sus conocimientos y a compartirlos de ciudad en ciudad a lo largo de la Ruta de la Seda.

Los textos religiosos también se compartían en papel. En el año 751 de la era cristiana, los árabes capturaron prisioneros de guerra chinos durante la batalla de Talas. Se cree que fue la primera vez que los conocimientos sobre fabricación de papel llegaron a los musulmanes. El mundo islámico se aficionó especialmente al papel, tomando el método chino y añadiendo fibras de algodón y lino para crear algo más suave y flexible.

El papel cambió el mundo de forma evidente. El conocimiento podía escribirse en libros y compartirse a grandes distancias. El papel era perfecto para viajar en las rutas comerciales. No fue hasta el siglo XII cuando los musulmanes de España crearon sus propios molinos de papel, lo que permitió que los conocimientos sobre la fabricación de papel se extendieran por toda Europa.

El papel, la porcelana y las hojas de té viajaban desde Asia por la Ruta de la Seda hasta Europa, pero ¿qué volvía a Asia a cambio? Los chinos valoraban la lana y los tejidos europeos por su buena calidad. También se comerciaba con caballos entre ambas regiones. Las hierbas, que se utilizaban por sus propiedades medicinales, también se importaban a China desde Europa a través de la Ruta de la Seda. El vino de Roma se enviaba a Oriente. También se comerciaba con metales preciosos como el oro y la plata, y con ámbar procedente de Europa.

Capítulo 5: Los viajeros de la Ruta de la Seda

Quizá el viajero europeo más famoso de la Ruta de la Seda sea Marco Polo. Su fama se debe a que hizo exactamente lo que la mayoría de los viajeros de la Ruta de la Seda no hicieron. Es decir, supuestamente recorrió toda la ruta de principio a fin.

En cambio, el viajero medio solo recorría una corta distancia de un lugar a otro, de una ciudad a otra o de un punto comercial a otro. Muchas de estas personas no eran más que comerciantes que trasladaban mercancías de un lugar a otro y se llevaban su tajada del precio.

En algunos casos, la gente creaba caravanas enteras para viajar en grupo. A menudo lo hacían para protegerse de ataques y robos. Las caravanas se utilizaban sobre todo para cruzar las regiones desérticas de la Ruta de la Seda.

Echemos un vistazo a lo que podría haber supuesto la creación de una antigua caravana de la Ruta de la Seda.

En primer lugar, hay que tener en cuenta que no todas las caravanas eran exactamente iguales. El contenido de la caravana variaba mucho en función del destino, las mercancías que transportaban y otra serie de factores.

Supongamos que organizamos una caravana por el desierto. Llevaríamos camellos bactrianos como principal medio de transporte.

Los camellos bactrianos tienen dos jorobas y dos capas de pelo. La primera capa de pelo es la exterior, la que está expuesta a la intemperie. La segunda es la capa interna que protege la piel. Esta capa de pelo nunca debe mojarse. El espacio entre las dos capas crea una bolsa de aire que mantiene el calor o protege el cuerpo del calor, lo que hace que estos camellos sean ideales para viajar en climas extremos como el desierto, donde puede hacer calor durante el día y mucho frío por la noche.

Estas impresionantes bestias también tienen dos pares de párpados y pestañas para protegerse de las tormentas de arena y el polvo del desierto. El segundo par de párpados funciona como una especie de limpiaparabrisas, eliminando las partículas durante una tormenta de arena. Los orificios nasales del camello pueden reducirse a estrechas rendijas durante las tormentas de arena para proteger los pulmones de la asfixia.

El camello bactriano tiene otras características especiales que le permiten recorrer largas distancias por desiertos inhóspitos. Estos resistentes camellos pueden pasar hasta una semana sin beber agua y hasta un mes sin comer.

El secreto está en sus dos jorobas. Las jorobas almacenan hasta cien libras de grasa cada una. Cuando las jorobas están llenas de grasa hasta el tope, pueden sobresalir dieciocho centímetros del cuerpo del camello. A medida que las reservas de grasa se agotan, las jorobas se encogen cada vez más.

En nuestra caravana por el desierto, ataríamos al menos dos camellos o quizá más, posiblemente hasta seis, juntos, nariz con cola.

Los camellos irán cuidadosamente cargados con las mercancías que queramos intercambiar o vender. Los camellos son gruñones y se quejan si están incómodos, así que tendremos que cargarlos con el peso justo. Para cargar la mercancía, utilizaremos unas rejillas de carga o unas cestas que ataremos con mantas al lomo de los camellos.

En el primer camello va nuestro jefe de caravana. Se trata de un hombre que posee varias cualidades importantes. En primer lugar, es un guía experto que conoce el camino a través de las dunas de arena. Conoce la ubicación de los pozos ocultos y los puestos de avanzada a lo largo del camino. No utiliza mapa ni brújula. Viaja siguiendo rutas y puntos de referencia conocidos y guiándose por la estrella polar. Sabe que nuestros camellos prefieren atravesar la cima de las dunas antes que malgastar energía subiéndolas y bajándolas.

En segundo lugar, es un gran conversador. Se le da muy bien negociar.

En cuanto a los de la caravana, a veces iremos a pie. Más tarde, subiremos a hombros de los camellos para cabalgar. Algunos llevaremos caballos. El viento es tan fuerte en el desierto que no hablaremos mucho. Nos taparemos la nariz y la boca con un paño para que no nos entre arena.

Viajaremos durante un día caluroso hasta el anochecer, cuando empieza a hacer frío. Entonces nos detendremos para descargar los camellos y que puedan descansar. Para evitar que se alejen, les ataremos las patas con una cuerda. Una vez descargados los camellos, alguien encenderá un fuego y cocinaremos lo que hayamos traído en el viaje para comer, probablemente algún guiso o grano hervido al fuego o tal vez cebollas, pimientos o carne de cabra que hayamos conseguido en la última parada en el oasis.

Por la mañana, desayunaremos las sobras antes de volver a cargar los camellos y continuar el viaje. Trajimos algunos dátiles para comer mientras cabalgamos.

Ir en caravana no fue es fácil como parece aquí. Tenemos que mantener a los camellos moviéndose exactamente al mismo ritmo, o enredarán sus cuerdas y las romperán, creando un desastre. Lo último que querríamos es un camello desbocado con una carga preciosa en medio de las dunas.

También tenemos que estar siempre atentos a los bandidos que quieren robarnos la mercancía, las monedas o incluso los camellos.

Llevamos hierba para dormir y dar de comer a los camellos. Nos encontramos con garrapatas de camello que se arrastran sobre nosotros y nos pican, lo que resulta muy desagradable.

Cuando llegamos a un oasis en el desierto, los camellos encuentran palmeras o árboles frondosos para picar. Pueden beber de 25 a 30 litros de agua de una sentada.

Cuando llegamos a un caravasar, sentimos emoción y alivio. Vemos un conjunto de edificios con un patio lleno de animales atados a estacas de madera y un mercado cubierto.

Este es un lugar de paso en la Ruta de la Seda. Hay una posada donde dormir, un establo para nuestros animales y mucha comida y agua. Vamos a pasar aquí una semana descansando antes de emprender el resto de nuestro largo viaje. Necesitamos que los camellos y los caballos engorden un poco.

En este lugar también hay mucha gente con la que comerciar. Aquí hay burdeles, gente de muchas culturas diferentes e impresionantes puestos de mercado en los que comprar. Podemos dormir en la posada, y tenemos que pagar una cuota para que nuestros animales se queden en el establo y coman. Los dueños recogen el estiércol de nuestros animales para venderlo como combustible o abono, lo que permite mantener limpio el espacio.

Finalmente, seguiremos adelante y viajaremos de nuevo por el desierto durante unos días hasta llegar a la siguiente parada de nuestra ruta.

¿Quién recorrió la Ruta de la Seda?

Una caravana de camellos
https://commons.wikimedia.org/wiki/File:Richard_Zommer_-_Camel_Caravan_with_Travelling_Family.jpg

Los que emprendían los peligrosos viajes a lo largo de la Ruta de la Seda procedían de los más diversos orígenes. Algunos eran simples comerciantes que vivían en la zona y viajaban regularmente de un punto comercial a otro. Eran los intermediarios que se encargaban de cambiar las mercancías de mano en mano a lo largo de la ruta.

Los eruditos viajaban a lo largo de las rutas comerciales por diversas razones. Si un erudito buscaba un determinado texto religioso, tenía que viajar por la Ruta de la Seda para encontrarlo.

Algunas personas peregrinaban a lugares religiosos sagrados. Esto incluía a hindúes, budistas, cristianos y musulmanes, entre otros.

Los eruditos que estudiaban diferentes culturas y religiones recorrían la Ruta de la Seda en busca de nuevas personas y lugares que observar y documentar. Estos eruditos contribuyeron poderosamente al intercambio de ideas interculturales.

Muchos caravasares eran lugares de encuentro donde los eruditos compartían sus ideas en persona para aprender unos de otros. Escribían juntos, compartían poesía e historias, celebraban debates y ponían en común los resultados de los estudios que habían realizado. Los eruditos también viajaban por la Ruta de la Seda para estudiar botánica, astronomía y accidentes geográficos, que también compartían entre sí en los puntos de encuentro a lo largo de la ruta.

Los artistas dibujaban lo que veían a lo largo de la ruta y observaban las diferentes culturas con las que entraban en contacto. Los filósofos adquirían nuevos conocimientos y los compartían con los demás. Los traductores conseguían manuscritos y los reescribían en otros idiomas para compartir ideas con más culturas.

La Ruta de la Seda desempeñó un papel vital en la difusión del conocimiento y las ideas, creando un crisol de conocimientos y cultura en el que la gente podía participar.

Aunque la mayoría de la gente conoce a Marco Polo, pocos han oído hablar de Abu Abdullah Muhammad Ibn Battuta. Conocido comúnmente como Ibn Battuta, fue un joven nacido en Tánger, Marruecos, el 24 de febrero de 1304.

Boceto del aspecto que podría haber tenido Ibn Battuta
https://commons.wikimedia.org/wiki/File:Ibn_Battuta,_Sayr_mulhimah_min_al-Sharq_wa-al-Gharb.png

Ibn Battuta fue un erudito que emprendió un viaje por la Ruta de la Seda en busca de conocimiento. Su viaje duró más de treinta años. Durante su viaje, que tuvo lugar entre 1325 y 1354, el islam se expandía rápidamente fuera de la actual Arabia Saudí, con ideas religiosas que viajaban a lo largo de la Ruta de la Seda y hacia territorios periféricos.

Ibn Battuta viajó primero a La Meca en peregrinación religiosa por su fe musulmana. Viajó a Argel y Túnez, en el norte de África. También viajó a Egipto, donde visitó veintidós ciudades diferentes, entre ellas El Cairo y Alejandría. Después viajó por Palestina y Siria, en Oriente Próximo, antes de llegar a La Meca, en la península arábiga.

Durante su viaje, documentó todo e hizo observaciones sobre sus experiencias. Se lo conocía como el juez viajero musulmán y un erudito legal.

Sus viajes no eran puramente religiosos. Ibn Battuta quería encontrar conocimiento y visitar bibliotecas. Soñaba con ir a las bibliotecas de El Cairo, Alejandría y Damasco.

En Túnez (o posiblemente en La Meca), se convirtió en un juez remunerado llamado *qadi*, que viajaba con las caravanas para resolver sus disputas. Ibn Battuta viajó por muchas regiones diferentes, viviendo su vida al máximo. Se casó al menos diez veces durante sus viajes y tuvo varios hijos mientras recorría la Ruta de la Seda.

Atravesó las montañas del Hindú Kush para llegar a la India, donde pidió al rey de este país una carrera oficial. Se convirtió en juez de Delhi, pero se aburrió al cabo de ocho años. Ibn Battuta consiguió que el rey de la India lo nombrara embajador en China, lo que le permitió continuar sus viajes por la Ruta de la Seda.

Cuando Ibn Battuta regresó a su país, unos treinta años más tarde, escribió un libro en el que relataba sus aventuras. Se titulaba *Los viajes de Ibn Battuta: Por Oriente Próximo, Asia y África*.

¿Quién más viajó por la Ruta de la Seda?

Bueno, los soldados frecuentaban la Ruta de la Seda por varias razones. En primer lugar, se enviaban soldados para vigilar las caravanas importantes contra bandidos o tribus rivales.

Los soldados eran utilizados como una especie de policía para proteger los caravasares o asentamientos contra el caos, ya que en un mismo lugar se reunían personas cansadas y hambrientas de orígenes muy diversos.

A los soldados también se les encomendaba la tarea de recaudar impuestos y comprobar si había contrabandistas en algunas regiones. Por supuesto, también se podían encontrar soldados viajando por la Ruta de la Seda con fines militares regulares. Iban de una región a otra durante las batallas y para prepararse ante posibles amenazas. Los gobiernos locales establecían puestos militares avanzados en varios puntos de la Ruta de la Seda para tener bases militares preparadas cuando las necesitaban.

Había otro grupo de personas que viajaban a menudo por la Ruta de la Seda: los esclavos.

Podría decirse que los esclavos eran una de las monedas más antiguas del mundo. La Ruta de la Seda también se conocía como la Ruta de los Esclavos por una buena razón.

En la época de la Ruta de la Seda, los esclavos se utilizaban para muchos fines. A menudo se utilizaban como mano de obra para la agricultura y la ganadería o para labores domésticas en hogares ricos. Cuando se llevaban a cabo grandes proyectos, como la construcción de un nuevo canal o puente, se llevaban esclavos para ayudar a completar el proyecto. En ocasiones, los esclavos eran prisioneros de guerra. Las mujeres y los niños podían ser esclavos; a menudo eran capturados cuando se tomaba un asentamiento. Los esclavos también llenaban los burdeles de los caravasares y los asentamientos urbanos.

Entre los siglos VII y IX e. c., se calcula que el 80% de las caravanas tenían esclavos. También se ha calculado recientemente que el 39% de los viajeros de la Ruta de la Seda en Asia central viajaban como esclavos[14]. La mayoría de estos esclavos eran niños de familias empobrecidas.

Historiadores y arqueólogos siguen aprendiendo más sobre el tráfico de personas en la Ruta de la Seda en la antigüedad. Recientemente se han encontrado contratos de esclavitud en tumbas de la región de Turfán. La región de Turfán era una antigua ciudad oasis de la Ruta de la Seda en la actual región china de Sinkiang. Estos contratos dan pistas a los historiadores sobre la edad de los esclavos en la Ruta de la Seda, así como sobre si eran hombres o mujeres.

---

[14] "Slave Trade on the Silk Road". https://shanghai.nyu.edu/news/exploring-silk-road-slave-trade-turfan.

El mayor tráfico de esclavos de la historia se produjo en la Ruta de la Seda, cuando los mongoles transportaron caucásicos, tártaros y eslavos a Crimea, en el mar Negro, para venderlos como esclavos.

El tráfico de seres humanos era un «bien» del que se habla menos, pero muy importante, comercializado en la Ruta de la Seda. Las personas esclavizadas eran tan valiosas como la seda, el papel y las piedras preciosas. De hecho, los gobiernos regionales que se beneficiaban de los impuestos a la importación de productos básicos como la seda y las especias también gravaban a los esclavos de la misma manera.

El tráfico de seres humanos estuvo presente en la Ruta de la Seda durante toda su historia. Incluso en la Edad Media se traficaba con un número significativo de europeos a lo largo de la Ruta de la Seda a cambio de plata. El comercio de esclavos fue un negocio en auge a lo largo de toda Asia y hacia África y Europa durante miles de años, funcionando como un hilo oculto que impulsaba la riqueza de los imperios de la Ruta de la Seda.

Al final, cuando miramos atrás en nuestra cronología de la historia y vemos el panorama general, los viajeros de la Ruta de la Seda eran algo más que personas al azar que participaban en el comercio. Eran importantes para la cultura y la historia de muchas regiones, algunos viajaban por voluntad propia y otros por la fuerza. Sin embargo, cada persona participó en la configuración de las religiones y culturas de muchos lugares de Asia central durante siglos.

Capítulo 6: La Ruta de la Seda: Arte y arquitectura

La Ruta de la Seda alberga miles de años de historia humana. Algunas de las muchas pistas que ha dejado a historiadores y arqueólogos están selladas en tumbas o escritas en manuscritos que han sobrevivido. Otras valiosas pistas nos han llegado en forma de construcciones y obras de arte.

La arquitectura dejada a lo largo de la Ruta de la Seda nos proporciona información sobre los valores de la gente que vivía en la zona y nos cuenta cómo era su vida cotidiana.

Algunos aspectos de la arquitectura de la Ruta de la Seda son iguales en todos los lugares, independientemente de la cultura y la ubicación. Esto se debe a que la arquitectura se diseñó para satisfacer una necesidad específica de los viajeros. Los detalles estéticos, como los materiales utilizados y el estilo, se dejaban en manos de la cultura local.

Caravasares

Los caravasares, los lugares creados a lo largo de la Ruta de la Seda para que los viajeros descansaran sus animales y durmieran, están todos dispuestos de la misma manera independientemente de su ubicación en la ruta comercial. Cada lugar consistía en un círculo de edificios con un patio en el centro para los animales.

Un caravasar en Irán
Bernard Gagnon, CC BY-SA 4.0 <https://creativecommons.org/licenses/by-sa/4.0>, vía Wikimedia Commons; https://commons.wikimedia.org/wiki/File:Izadkhvast_Caravanserai_01.jpg

Sabemos que muchas de las ciudades que se desarrollaron a lo largo de la Ruta de la Seda eran originalmente oasis y centros de comercio. Con el tiempo se convirtieron en grandes y prósperas ciudades gracias a los beneficios económicos del comercio.

Palmira, una ciudad que floreció en medio del desolado desierto de Tadmor, es una de ellas. En la actualidad, las ruinas de la arquitectura de la Ruta de la Seda de Palmira se encuentran en Siria. Desgraciadamente, las recientes guerras han provocado un grado de destrucción desconocido en muchas de estas ruinas históricas.

Palmira es una auténtica ciudad caravanera, que surgió a partir de una encrucijada de caminos de caravanas en tierra de nadie. La infraestructura inicial de este oasis desértico se desarrolló para satisfacer las necesidades de la gente que pasaba por la zona en la Ruta de la Seda. Palmira contaba con un lugar de reunión pública en el centro de la ciudad conocido como el ágora, que probablemente se construyó durante el siglo I. El estilo del ágora coincide con la arquitectura de otras ciudades grecorromanas[15].

---

[15] https://en.unesco.org/silkroad/content/palmyra

Los edificios de Palmira se construyeron con una hermosa piedra caliza de color dorado pálido recogida del paisaje local. El mercado, construido para el comercio al paso de los viajeros, tenía una magnífica columnata. Esta tenía unas 375 columnas de 9,5 metros de altura.

Las obras de arte encontradas en Palmira son una prueba más de la influencia griega y romana en esta ciudad de Oriente Próximo. Las esculturas corresponden al estilo griego de la época. En las ruinas de Palmira se han encontrado vestimentas griegas y partas.

La vestimenta griega masculina incluía una larga túnica de lino con un paño que llegaba hasta los codos y una gran capa de lino o lana. Los arqueólogos también descubrieron restos de seda china.

La indumentaria parta era diferente. Incluía una túnica de manga larga que se llevaba con pantalones ajustados a los tobillos. La ropa parta también se llevaba con una capa por encima e incluía un cinturón y botas. Las telas estaban adornadas, lo que las diferenciaba del estilo griego.

Palmira era, sin duda, una ciudad multicultural, con su magnífica arquitectura y sus diversos estilos de vestimenta. La influencia griega era importante, ya que las caravanas llegaban a menudo a Palmira desde el oeste. Las inscripciones en el interior de la arquitectura y en el cementerio estaban en varios idiomas, como griego y arameo. En años posteriores, también estaban en latín.

Mezquitas

Otro fabuloso ejemplo de arquitectura y arte que se propagan de una región a otra a través de la Ruta de la Seda es Santa Sofía de Estambul (Turquía), con su enorme cúpula de 180 metros. Construida en 532 por el emperador Justiniano, fue la mayor iglesia cristiana del mundo durante bastante tiempo.

Una foto de Santa Sofía de 2013
Arild Vågen, CC BY-SA 3.0 <https://creativecommons.org/licenses/by-sa/3.0>, vía Wikimedia Commons; https://commons.wikimedia.org/wiki/File:Hagia_Sophia_Mars_2013.jpg

Después de que los otomanos conquistaran la zona y convirtieran Santa Sofía en mezquita en 1453, añadieron cuatro minaretes a la mezquita. Visitantes de todas partes acudían a visitar Santa Sofía y contemplaban su esplendor antes de viajar a otras regiones[16].

La mezquita Azul o mezquita del Sultán Ahmed se construyó cerca, en el mismo estilo, con una cúpula y cuatro minaretes. El comercio a través de la Ruta de la Seda es evidente también en esta mezquita por los veinte mil azulejos de İznik pintados de azul que hay en su interior y que se hicieron populares cuando se recorría la Ruta de la Seda años atrás.

¿Qué tienen de particular estos azulejos azules hechos a mano?

Los mongoles, liderados por un tal Gengis Kan, llegaron al vecino Irán en 1220. Con ellos llegaron el arte y la arquitectura chinos, incluido el conocimiento de la fabricación de cerámica.

Los habitantes de Constantinopla se aficionaron a la cerámica china. Pronto empezaron a comerciar con ella. Durante la dinastía Ming, las famosas porcelanas azules y blancas de Ming influyeron mucho en el diseño de los azulejos azules de İznik del interior de la mezquita Azul.

---

[16] https://www.saga.co.uk/magazine/travel/destinations/asia/central-asia/silk-road-islamic-architecture

Esta mezquita se construyó en el mismo estilo que las anteriores, con cúpula y minaretes. Incluso incluía el color azul, que representaba el agua. El exterior azul se convirtió en una característica clave de las cúpulas persas.

El diseño islámico persa influyó en las mezquitas de toda la Ruta de la Seda, pero la arquitectura de las mezquitas no fue la única característica que se extendió de ciudad en ciudad. También eran populares los impresionantes jardines, que acompañaban a la bella arquitectura a lo largo de la Ruta de la Seda.

En el actual sureste de Uzbekistán, los cansados viajeros de la Ruta de la Seda encontraron la ciudad de Samarcanda. La mezquita de Bibi Janum de Samarcanda tiene una enorme cúpula construida con 95 elefantes procedentes de la India. Se terminó en 1404. Esta mezquita tenía ocho minaretes y una cúpula azul turquesa de tres paredes con un interior de azulejos.

Podemos seguir el vínculo constante de la Ruta de la Seda observando la arquitectura de un lugar a otro. Por ejemplo, la mezquita de Bibi Janum influyó directamente en el diseño del que quizá sea el edificio más famoso de la India: el Taj Mahal de Agra.

Al contemplar el Taj Mahal se aprecian claramente en la India toques de Estambul y Samarcanda, ¡pero no nos olvidemos de los jardines! El Taj Mahal también tiene un gran jardín dividido en cuatro segmentos, igual que los jardines de Persia. Cada jardín tiene sombra y agua corriente. Estos jardines debían recordar el paraíso.

El Taj Mahal tiene un gran espejo de agua con un reflejo cuidadosamente diseñado que crea simetría. Los jardines del Taj Mahal se parecen a los de Samarcanda, con su división en cuartos y un pabellón en el centro.

La influencia de la Ruta de la Seda se extendió miles de kilómetros, llegando incluso hasta el extremo oriental de China, donde empezaron a aparecer mezquitas. Sin embargo, las mezquitas chinas no tenían cúpulas. Su arquitectura era más bien de estilo budista.

La gran mezquita en Xi'an se construyó con madera local y tiene un solo minarete de tres pisos de forma octogonal. A primera vista, un viajero puede no ver la relación con las mezquitas abovedadas de Oriente Próximo. Pero si se mira más de cerca, se verá que la cadena ininterrumpida de influencia a lo largo de la Ruta de la Seda sigue siendo fuerte. El techo de la sala de oración es de tejas turquesas vidriadas, en alusión a las tejas azules de las mezquitas abovedadas de Samarcanda y otros lugares.

Estupas

Demos un salto atrás en nuestra línea temporal de la historia, a una época anterior a la llegada del islam y las mezquitas a través de la Ruta de la Seda. Las estupas budistas predominaban en la ruta comercial, primero en la India y luego en China. Por su influencia arquitectónica y sus inscripciones, cada estupa y sus obras de arte dejaban pistas sobre los lugares por los que viajaba la gente.

Quizá se pregunte qué es una estupa, sobre todo si vive en el hemisferio occidental. Estupa significa «cúmulo» en sánscrito. Las primeras estupas eran simples túmulos funerarios que contenían un poco de las cenizas de Buda.

Con el tiempo, la arquitectura de las estupas se amplió hasta convertirse en túmulos con rocas. El rey indio Ashoka (r. 269-232 a. e. c.) construyó más de 84.000 estupas en toda la India, Nepal, Pakistán, Bangladesh y Afganistán.

La Gran Estupa (Mahastupa) se construyó en el lugar de nacimiento de la esposa del rey Ashoka, Devi. Estaba situada a lo largo de una importante ruta comercial de la Ruta de la Seda, en Madhya Pradesh (India).

La Gran Estupa de Sanchi
Biswarup Ganguly, CC BY 3.0 <https://creativecommons.org/licenses/by/3.0>, vía Wikimedia Commons; https://commons.wikimedia.org/wiki/File:East_Gateway_-_Stupa_1_-_Sanchi_Hill_2013-02-21_1398.JPG

La estupa tiene un techo abovedado, anterior a la expansión del islam y las mezquitas abovedadas. A diferencia de las mezquitas, no se puede entrar en la estupa. Es un montículo sólido alrededor del cual se camina.

En la ruta meridional de la Ruta de la Seda, a lo largo de la cuenca del Tarim, en el noroeste de China, había estupas con rasgos arquitectónicos del noroeste de la India. Es una gran distancia para que viajen el conocimiento y las ideas.

Las estatuas budistas nos dan más pistas sobre la influencia del arte en la Ruta de la Seda. El valle de Bamiyán es una región aislada en lo alto de las montañas Hindú Kush de Afganistán. Esta zona se convirtió en un importante eslabón de la Ruta de la Seda entre la India y China.

Allí, los arqueólogos descubrieron antiguas estatuas budistas con evidentes pruebas de la influencia de la ruta comercial. Los kushán que vivían en esta zona se convirtieron en intermediarios del comercio entre China, India y Roma. Mezclaron a la perfección su cultura tribal con la de sus socios comerciales, dejando tras de sí un legado cultural inolvidable.

Las tradiciones centroasiáticas se fusionaron con el arte helenístico de la región mediterránea griega, y este con las prácticas religiosas budistas procedentes de la India.

Prueba de ello es el arte y las estatuas que han quedado. Las estatuas de Buda de Bamiyán muestran ropajes romanos. Una estupa llamada Tope Darra (o Topdara), situada en las montañas al norte de Kabul, contiene estatuas con rasgos helenísticos.

En 2001, los talibanes destruyeron dos grandes figuras de Buda del siglo V en las afueras de Bamiyán. Estas dos estatuas se erguían juntas en nichos junto a los acantilados, con cuevas creadas artificialmente que las rodeaban en los acantilados. Dentro de las cuevas había influencias artísticas de la India e Irán, junto con arte helenístico e influencias griegas.

La cadena de influencias de la Ruta de la Seda se extendió de tribu en tribu y de región en región a medida que se intercambiaban objetos entre grupos humanos a lo largo de la ruta comercial, dejando tras de sí obras de arte que muestran una fascinante fusión de culturas.

En 970 e. c., Bamiyán fue conquistada por los musulmanes y el islam llegó a la región. La mezcla de influencias religiosas y culturales continuó durante cientos de años, cuando las estupas abovedadas dieron paso a las mezquitas abovedadas.

Antigua pagoda en Sidoktaya
https://commons.wikimedia.org/wiki/File:Ancient_Pagoda_in_Sidoktaya.JPG

Además de las estupas, los budistas también crearon pagodas chinas. Estas evolucionaron a partir de las estupas. Las pagodas eran edificios más grandes en los que se podía entrar, a diferencia de las estupas, que eran montículos con reliquias que solo podían ser rodeados por los visitantes. Tanto las pagodas como las estupas eran monumentos conmemorativos para rendir homenaje a los budistas famosos e importantes que habían muerto, incluido el propio Buda.

En Xi'an, China, aún se conserva la famosa gran pagoda del Ganso Salvaje. Se construyó por primera vez en 652 e. c., durante la dinastía Tang, y se la reconstruyó en 704. Tiene siete pisos de altura.

¿Sabe cuál era y sigue siendo hoy la función principal de esta pagoda? La pagoda alberga estatuas del Buda Gautama, que fueron traídas a China por un hombre llamado Xuanzang en el siglo VII. Este hombre era erudito, viajero y traductor. Estas estatuas de Buda son famosas en China y viajaron por la Ruta de la Seda desde la India.

Estatua de Xuanzang frente a la gran pagoda del Ganso Salvaje
John Hill, CC BY-SA 4.0 <https://creativecommons.org/licenses/by-sa/4.0>, vía Wikimedia Commons; https://commons.wikimedia.org/wiki/File:Statue_of_Xuanzang_in_front_of_Giant_Wild_Goose_Pagoda,_Xi%27an,_2011.jpg

En la actualidad, la gran pagoda del Ganso Salvaje es Patrimonio de la Humanidad. Se añadió en 2014 como parte de la iniciativa «Ruta de la Seda: red viaria del corredor Chang'an-Tianshan», cuyo objetivo es preservar el patrimonio de la Ruta de la Seda en la región Chang'an-

Tianshan del recorrido. A lo largo de la ruta, que recorre más de 5.000 kilómetros a través de China, Kazajstán y Kirguistán, existen 33 yacimientos.

Otras regiones a lo largo de la Ruta de la Seda también están identificadas como Patrimonio de la Humanidad, y cada región está formada por países que presentan solicitudes de sitios a la UNESCO para su aprobación.

Cuevas de Mogao

Las cuevas de Mogao
Zhangzhugang, CC BY-SA 4.0 <https://creativecommons.org/licenses/by-sa/4.0>, vía Wikimedia Commons; https://commons.wikimedia.org/wiki/File:Dunhuang_Mogao_Ku_2013.12.31_12-30-18.jpg

Incluso el arte rupestre budista tiene incorporados elementos de otras regiones. Las cuevas de Mogao, también conocidas como las grutas de los mil Budas o cuevas de los mil Budas, se encuentran en lo que fue un oasis de la Ruta de la Seda en la actual provincia china de Gansu, a las afueras de la ciudad de Dunhuang. Esta encrucijada de caminos fue un lugar donde se mezclaron muchas culturas, como demuestran las obras de arte del interior de las cuevas.

Se calcula que las obras de arte del interior de las cuevas abarcan más de mil años de historia. Estas cuevas fueron excavadas, por lo que son totalmente artificiales, no naturales. La primera cueva se excavó en el año 366 de la era cristiana, y su construcción continuó hasta el siglo

XIV. Hoy quedan más de quinientos templos conectados dentro del sistema de cuevas.

Los budistas que vivían y viajaban por la región utilizaban estas cuevas para el culto y la meditación. El aspecto más asombroso de las cuevas de Mogao son las obras de arte que contienen. Estas cuevas tienen más de 400.000 pies cuadrados de frescos y esculturas. De hecho, hay tanto arte en las cuevas que abarca diez géneros principales, como arquitectura, escultura en estuco, pinturas murales, pinturas sobre seda, caligrafía, xilografía, bordado, literatura, música y danza.

Un mural rupestre de Zhang Qian viajando por la Ruta de la Seda
https://commons.wikimedia.org/wiki/File:Zhang_Qian.jpg

Los murales de las cuevas muestran un rico e intrincado trabajo artístico y llenan las cámaras de la cueva desde el suelo hasta el techo. La influencia del arte budista se aprecia claramente en las pinturas rupestres. Las primeras pinturas muestran características de la India y Asia Central en el estilo pictórico y la vestimenta de los retratados. Sin embargo, empezó a surgir un estilo pictórico local distinto, mezcla de culturas.

Las cuevas de Mogao también contienen una arquitectura única. Puede que no se piense en un sistema de cuevas como algo arquitectónico, pero estas cuevas sí las tienen. Las cuevas más antiguas son similares a las excavadas en la India, como las de Ajanta. Este estilo se caracteriza por una columna central cuadrada con cavidades destinadas a albergar esculturas. Este estilo representa la arquitectura de las estupas, ya que los visitantes debían caminar en círculo alrededor de las estatuas conmemorativas.

Otro tipo de diseño arquitectónico hallado en el sistema de cuevas son las cuevas vestíbulo. Estas cuevas tenían techos piramidales que se asemejaban a una tienda de campaña. Algunas tenían techos planos tallados que se asemejaban a los de un edificio.

El tercer tipo arquitectónico representado en las cuevas es el plano de cueva *vihara*, que era el estilo de monasterio de la India. Estas cuevas se utilizaban para la meditación. Cada una contiene cámaras laterales que solo son lo bastante grandes para que una persona se siente dentro a meditar.

La propia ciudad de Dunhuang es un punto estratégico en la intrincada red de rutas comerciales. Se encuentra en una encrucijada entre dos de las principales rutas comerciales de la Ruta de la Seda. Está situada en un oasis del desierto de Taklamakán, frente al lago Crescent y Mingsha Shan, en el extremo occidental del desierto de Gobi. En chino, Mingsha Shan significa «montaña de arena cantante». Este lugar recibió su nombre por el ruido melódico que hace el viento al golpear las dunas de arena del desierto.

Imagínese viajando por el desierto y llegando a esta ciudad oasis. Mientras su agotada caravana se acerca a la ciudad, usted está ansioso por ver China por primera vez (Dunhuang fue la primera ciudad china que los viajeros encontraron en la Ruta de la Seda cuando venían de la India por el oeste). Lo único que se oye es el sonido de las dunas cantando bajo el viento del desierto.

La primera parte de la ciudad a la que se llega es la Puerta de Jade, una guarnición erigida para proteger esta importante ciudad comercial de los invasores. Dentro de las puertas, se encontraba un crisol de humanidad. Aquí se reunían comerciantes, eruditos budistas y artesanos.

Dunhuang producía gran cantidad de bienes para vender o comerciar en la Ruta de la Seda. Era un gran productor de seda y no solo de un tipo. Sus habitantes producían distintas variedades. La ciudad también tenía algodón y lana de las regiones circundantes. Los habitantes utilizaban estos tejidos y creaban hermosos bordados. También producían y vendían pieles, hojas de té, medicinas, objetos de jade, camellos, ovejas, frutos secos, tintes y herramientas.

La ciudad estaba llena de lenguas diferentes, gracias a los comerciantes que llegaban de la Ruta de la Seda. Los pergaminos hallados en la cueva de la biblioteca de las cuevas de Mogao nos dan pistas sobre la gente que pasaba por la ciudad. En la ciudad se hablaba habitualmente chino y tibetano. También se hablaba sánscrito, kotanés, uigur y sogdiano.

Los pergaminos también insinúan que Dunhuang era una ciudad en la que convivían múltiples religiones. La religión principal era el budismo, pero el judaísmo, el zoroastrismo, el maniqueísmo, el cristianismo y el taoísmo también formaban parte de la vibrante cultura de la ciudad.

Fuera de China, la Ruta de la Seda cuenta con otros muchos lugares declarados Patrimonio de la Humanidad por la UNESCO que se pueden visitar hoy en día. Muchos de estos lugares han sido dañados o destruidos por el clima, los terremotos y las guerras. Varios países de todo el mundo están trabajando para preservar lo que queda del patrimonio cultural único que dejó la Ruta de la Seda.

Capítulo 7: La religión y la Ruta de la Seda

La religión a lo largo de la Ruta de la Seda era continuamente fluida, extendiéndose en ondas y olas y mezclándose con las tradiciones tribales locales. Con frecuencia, distintas religiones coexistieron en ciudades oasis multiculturales, pero en la mayoría de los casos compitieron entre sí hasta que una de ellas se impuso y se extendió a lo largo de la Ruta de la Seda, trayendo consigo las influencias artísticas y arquitectónicas de las que hablamos en el capítulo anterior.

Zoroastrismo

Se dice que esta antigua religión fue la precursora de las tres principales religiones abrahámicas: judaísmo, cristianismo e islam. Muchos la consideran el padre de la religión monoteísta.

Zoroastro fue una de las primeras personas documentadas que rechazó la idea de múltiples dioses y, en su lugar, depositó su fe en un dios singular. Su dios era conocido como Ahura Mazda, o el «señor de la Sabiduría». Creía que en el universo actuaba una fuerza maligna llamada Ahriman.

Zoroastro nació entre los siglos XI y VI a. e. c. en la región de Mongolia y Azerbaiyán, pero el zoroastrismo no se convirtió en la religión oficial de la región hasta mucho después de su muerte, en el siglo III, cuando Irán estaba gobernado por la dinastía sasánida del Imperio persa.

El zoroastrismo se extendió por la Ruta de la Seda. La religión también llegó a las filosofías y enseñanzas de la Grecia helenística. Aunque los griegos tenían información de segunda mano que a veces era incorrecta, es notable que la influencia de Zoroastro fuera lo bastante fuerte como para aparecer en escritos de filósofos griegos clásicos varios siglos después.

Heródoto, que vivió del 484 al 425 a. e. c., fue conocido como el «padre de la Historia». Escribió sobre Zoroastro en su libro titulado *Historias*. Heródoto señaló que Zoroastro era un maestro de sabiduría y escribió sobre él como una figura histórica que influyó en las religiones persas.

El geógrafo griego helenístico Estrabón (64-24 e. c.) escribió sobre Zoroastro en su obra *Geographica* (*Geografía*), afirmando que era un líder religioso y filósofo.

En su día, un erudito acusó a Platón de plagiar la obra de Zoroastro, aunque nunca se han encontrado pruebas.

Plinio el Viejo fue un escritor y naturalista romano que vivió entre los años 23 y 79 de nuestra era. También escribió sobre Zoroastro en un contexto similar al de Heródoto, señalando que Zoroastro influyó en las religiones persas y fue un sabio maestro. También llega a nombrar a Zoroastro como el inventor de la magia, una afirmación descabellada que arraigó y se extendió a lo largo de la Ruta de la Seda. Se cree que Zoroastro inspiró las doctrinas caldeas de la astrología y la magia.

Una obra atribuida a Zoroastro sobre astronomía y predicciones que contenía cinco rollos de papiro también estuvo en circulación en algún momento de los periodos clásico griego y romano.

A pesar de estas afirmaciones y de los antiguos rumores que han perdurado a lo largo de los siglos, todo lo que se dice sobre magia y astronomía tiene muy poco que ver con el zoroastrismo real.

Durante la época del zoroastrismo influyente, había muchos solapamientos con otras religiones que se encontraban en culturas a lo largo de la Ruta de la Seda. Por ejemplo, tanto el zoroastrismo como el hinduismo utilizan el fuego para sus rituales.

Muchas otras religiones que evolucionaron durante el mismo periodo de tiempo se solaparon con el zoroastrismo. La teoría de la dualidad —es decir, un mundo con el bien y el mal— era una característica importante del zoroastrismo y de las religiones abrahámicas.

El zoroastrismo ha perdurado hasta nuestros días a pesar de haber sido marginado por la expansión del judaísmo, el cristianismo y el islam en la Ruta de la Seda. Hoy existen núcleos aislados de zoroastrianos en Irán, así como descendientes de inmigrantes persas en la India, donde se los conoce como parsis. El número total de seguidores del zoroastrismo oscila entre 100.000 y 200.000 personas en todo el mundo.

Cristianismo

Durante los siglos I y II de nuestra era, comenzaron a aparecer pequeños focos de cristianismo en la Ruta de la Seda. La religión no viajó en una oleada constante, sino que fluyó y refluyó, abriéndose paso en las religiones locales y expulsando lentamente a otras creencias.

El apóstol Tomás escribió sobre sus viajes a la India. Es posible que también llegara a otras partes de Asia. Es muy probable que Tomás fuera uno de los viajeros de la Ruta de la Seda. El cristianismo fue difundido por misioneros que viajaron con el propósito de extender el evangelio por todas partes.

Los cristianos nestorianos fueron algunos de los primeros cristianos en establecerse a lo largo de la Ruta de la Seda[17]. Esta rama del cristianismo era ligeramente diferente de la corriente principal del cristianismo que la mayoría de nosotros conocemos hoy en día. Tenían varias diferencias teológicas importantes, incluida la creencia de que Jesús tenía una naturaleza divina y otra humana. Conocidos como la Iglesia de Oriente, tenían su propia jerarquía separada de las iglesias cristianas bizantina y romana.

Los arqueólogos descubrieron pruebas significativas de que el cristianismo primitivo estuvo presente en China durante la dinastía Tang. La estela nestoriana de Xi'an (China) es un monumento de piedra de nueve metros de altura con una inscripción que describe la llegada del cristianismo primitivo a China. La inscripción está escrita en dos idiomas: chino y siríaco. El siríaco era una forma de arameo utilizada en la antigua China.

La estela también muestra cruces talladas en piedra. Cuenta la historia de la llegada del cristianismo a China. Sorprendentemente, no llegó a través de la Ruta de la Seda. El cristianismo llegó a China de la mano de un misionero persa llamado Alopen.

---

[17] https://factsanddetails.com/china/cat2/sub90/entry-8324.html

¿Le sorprende que el cristianismo llegara a China desde Persia?

Otro dato sorprendente es que en la inscripción se agradece al emperador de la dinastía Tang, Taizong, el apoyo y patrocinio que prometió cuando se estableció la comunidad cristiana en China. La estela puede verse aún hoy en Xi'an (China), en el Museo del Bosque de Estelas de Xi'an.

Quizá uno de los papeles más importantes en la expansión del cristianismo fue el desempeñado por el emperador romano Constantino el Grande. Bajo los anteriores emperadores romanos, los cristianos habían sido perseguidos. Constantino promulgó el Edicto de Milán en el año 313 e. c., junto con su cogobernante, Licinio. Constantino gobernaba la mitad oriental de Roma, y Licinio la mitad occidental. Juntos, acordaron la tolerancia religiosa para todo el imperio.

Este edicto puso fin a toda persecución de cristianos y concedió tolerancia religiosa al cristianismo en el Imperio romano. De este modo, la religión cristiana, que antes no era bien recibida, pasó de ser una secta perseguida a ser una religión aceptable dentro del Imperio romano, allanando el camino para que el cristianismo se expandiera de oeste a este a lo largo de la Ruta de la Seda.

Islam

En el siglo I de nuestra era, el cristianismo ya estaba presente en muchas comunidades a lo largo de la Ruta de la Seda, aunque tuvieron que pasar varios siglos para que la religión se hiciera realmente popular entre la gente. Varios siglos después, el islam irrumpió en escena. El profeta Mahoma comenzó a difundir sus enseñanzas en la península arábiga en el siglo VII de nuestra era.

La Ruta de la Seda es responsable casi en su totalidad de la expansión del islam por todo el mundo. Los árabes eran conocidos por sus habilidades de navegación. Si recuerda cuando hablamos del comercio de especias en un capítulo anterior, sabrá que los árabes tenían un rincón en ese mercado. Inventaban historias fantásticas para engañar a sus clientes, ocultando el verdadero origen de las especias que vendían.

Cuando el islam se apoderó de la península arábiga en el siglo VII de nuestra era, los marineros árabes también se vieron afectados. Mientras seguían las rutas comerciales de la Ruta de la Seda hacia Extremo Oriente para comprar especias, se detenían en los puertos del camino, donde compartían información sobre el profeta Mahoma.

Los comerciantes también llevaron su nueva religión a las islas de las Especias, a lo largo de la costa de la India, donde compraban y comerciaban con especias raras para llevarlas a Occidente. Inevitablemente, algunos de los mercaderes se quedaron en Indonesia para vivir con la población local, estableciendo el islam como religión en la isla.

Las cercanas Sumatra y Filipinas recibieron la misma influencia. El rey de Sumatra se convirtió al islam en el siglo XII de nuestra era, y se han encontrado lápidas con inscripciones islámicas en el siglo XIII[18]. El islam fue la primera religión monoteísta que arraigó en Filipinas[19].

En la actualidad, es la segunda religión más practicada en Filipinas; el cristianismo es la más popular. El islam se concentra principalmente en la región de Bangsamoro, donde alrededor del 91% de la población es musulmana suní, aunque los musulmanes solo representan alrededor del 6% de la población total de Filipinas.

El comercio a lo largo de la Ruta de la Seda también llevó a Brunéi y Malasia al redil islámico. El islam comenzó a extenderse rápidamente por estas islas orientales.

Sin embargo, no todas las interacciones con el islam en la Ruta de la Seda fueron pacíficas. En unos pocos cientos de años, el islam se extendió como un reguero de pólvora desde la península arábiga, hacia el norte hasta la India y tan al oeste como España.

Durante el siglo VII de nuestra era, los ejércitos árabes musulmanes empezaron a conquistar vastas extensiones de territorio. Lograron apoderarse de los bizantinos. Los árabes solo tardaron veinte años en apoderarse de tres continentes, llevando el dominio musulmán a gran parte de la Ruta de la Seda.

Durante la dinastía omeya, que duró del 661 al 750 e. c., y la dinastía abasí, que duró del 750 al 1250 e. c., la cultura islámica y árabe empezó a arraigarse y crecer en los territorios recién conquistados. Esto se debió en parte al desarrollo de un estado político centralizado. Los líderes tribales fueron sustituidos por un monarca principal, que unificó totalmente el territorio tanto política como religiosamente. El árabe se convirtió en la lengua principal, lo que ayudó a establecer una identidad nacional.

---

[18] https://slate.com/news-and-politics/2005/01/how-islam-got-to-the-philippines.html
[19] https://en.wikipedia.org/wiki/Islam_in_the_Philippines

Bajo el reinado de la dinastía abasí comenzó la Edad de Oro islámica, que se prolongó hasta el siglo XIII. Los eruditos religiosos enseñaban en prestigiosas instituciones, las artes florecían y el conocimiento se extendía. También se produjeron muchas conversiones al islam.

La arquitectura islámica dejó un impacto perdurable en la Ruta de la Seda que aún se mantiene en nuestros días. ¿Recuerda las mezquitas con cúpulas y los minaretes de los que hablábamos en el capítulo anterior? Y no nos olvidemos de los azulejos azules que recibieron la influencia de la porcelana azul y blanca de la dinastía Ming, lo que dio lugar a un legado de mezquitas con cúpulas azules por todo el mundo.

Los eruditos de la edad de oro islámica también dejaron una huella permanente en Occidente. Por ejemplo, no solemos utilizar números romanos para escribir nuestros números. Usamos el estilo árabe de escritura, que fue desarrollado por eruditos islámicos y se extendió hacia Occidente con el comercio y el intercambio cultural.

Durante este periodo surgieron muchas obras populares de poesía y literatura. Las famosas *Las mil y una noches*, son solo un ejemplo. Este conjunto de historias incluye «Aladino y la lámpara maravillosa», «Alí Babá y los cuarenta ladrones» y «Simbad el Marino». Estas historias se han contado y reescrito una y otra vez a lo largo de la historia.

Hinduismo y budismo

Tanto el hinduismo como el budismo tienen su origen en la India. A lo largo de cientos de años se extendieron por la Ruta de la Seda y dejaron un legado de historia arquitectónica y artística.

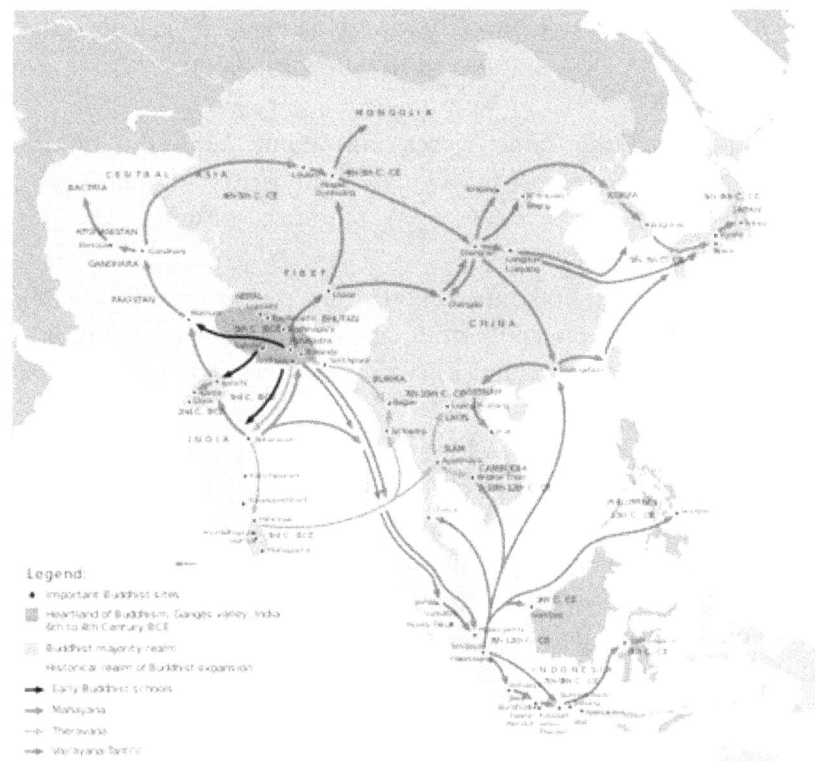

La expansión del budismo a lo largo de la Ruta de la Seda
Gunawan Kartapranata, CC BY-SA 3.0 <https://creativecommons.org/licenses/by-sa/3.0>, vía Wikimedia Commons; https://commons.wikimedia.org/wiki/File:Buddhist_Expansion.svg

El hinduismo fue introducido en China por comerciantes indios en el siglo II de nuestra era. Los templos hindúes salpicaban esporádicamente las zonas de la Ruta de la Seda en China que limitaban con la India; sin embargo, todos estos templos se han perdido con el paso del tiempo y las inclemencias meteorológicas.

En el capítulo anterior, hablábamos de las impresionantes cuevas de Xi'an (China), repletas de mil años de arte budista. ¿Sabía que entre las estatuas y las obras de arte también hay figuras e iconos hindúes? Además, muchas estupas también contienen estatuas de influencia hindú.

El budismo se introdujo en el siglo V de nuestra era. Cuando la dinastía Tang se derrumbó, el budismo empezó a declinar y, en el siglo VII, fue sustituido por el islam, que los mercaderes árabes difundieron a lo largo de la Ruta de la Seda hasta las ciudades portuarias de la costa sudoriental de China. En el siglo XIII, los mongoles introdujeron más influencias islámicas en China. En la actualidad, se calcula que hay dieciocho millones de adultos musulmanes en China, y diez grupos étnicos musulmanes[20].

La iconografía, una característica importante tanto del hinduismo como del budismo, estaba prohibida en el islam, lo que llevó a la destrucción de muchas estatuas y pinturas, dejando las estupas abandonadas al sol y la arena.

Si miramos atrás en el tiempo, queda claro que el arte budista dejó un impacto permanente en las formas artísticas de Asia central. El arte griego helenizado dio al mundo las primeras estatuas budistas. ¿Sabía que las primeras estatuas de Buda se parecían al dios griego Apolo?

El estilo griego impregnó el arte budista, pero los cimientos de la arquitectura budista siguieron siendo firmemente indios. Las pinturas dejadas en las cuevas nos dan innumerables pistas sobre la vida durante esos mil años de historia. Podemos ver los rasgos físicos de las personas que viajaron a China desde diversas regiones, incluidos algunos que tenían el pelo rubio o pelirrojo. Podemos ver cómo los estilos de ropa se popularizaban y luego desaparecían, para ser sustituidos por prendas de otra cultura prominente que se infiltraba en la zona. La riqueza de conocimientos que encierra el arte budista es infinita.

Un efecto duradero

Queda un aspecto duradero de la religión en la Ruta de la Seda del que aún no hemos hablado. Se trata del cosmopolitismo en la Ruta de la Seda. Si pensamos en las personas que viajaron por la Ruta de la Seda, incluidos misioneros y eruditos religiosos, debemos considerar que estas personas partieron con la esperanza de conocer a otros seres humanos con puntos de vista diferentes a los suyos.

Parte de la aventura y del conocimiento que debían compartir y adquirir implicaba encontrarse con personas de religiones y culturas opuestas. Esto también forma parte de la práctica de la diplomacia.

A través de la diplomacia de la Ruta de la Seda, la humanidad practicó el arte de intercambiar regalos, aprender sobre los demás con una mente abierta y recibir nueva información sobre ideas culturales. A veces, esto se recibía con hostilidad, pero, otras, se aceptaba

---

[20] "Islam in China | Pew Research Center".
https://www.pewresearch.org/religion/2023/08/30/islam/#:~:text=Islam%20was%20brought%20to%20China,Islam%20began%20to%20spread%20inland.

pacíficamente.

Si observamos los manuscritos que nos quedan y que dejaron los viajeros de la Ruta de la Seda, todos tienen algo importante en común. Muchos de ellos estaban claramente motivados por la religión o la utilizaban como base de sus experiencias diplomáticas mientras viajaban e interactuaban en las rutas comerciales.

Pensemos en los viajeros budistas. El budismo dicta que una persona siempre está en un viaje espiritual, tanto en la Tierra como metafísicamente, para aprender y crecer como persona. Esta visión del mundo sin duda definió la forma en que los viajeros budistas interactuaban con los viajeros que eran diferentes a ellos. Esta tolerancia allanó el camino para un comercio más fluido y unas conexiones más fáciles entre las culturas de la Ruta de la Seda.

La gente de la Ruta de la Seda hoy

Hoy en día, el paisaje político y moral ha cambiado para siempre gracias a la Ruta de la Seda. Los caminos físicos hace tiempo que desaparecieron en algunas zonas, pero quedan muchas ciudades oasis. Algunas de esas ciudades son Jiva, Bujará, Samarcanda, Kunya-Urgench y Almaty.

Todas estas ciudades tienen algo en común: son principalmente islámicas.

El impacto perdurable del islam aún se deja sentir en las ciudades de Oriente Próximo y Asia Central. No solo la mayoría de la población es musulmana, sino que la arquitectura se compone de minaretes y cúpulas de estilo persa e islámico; es casi como si el tiempo se hubiera detenido durante miles de años.

Jiva, la ciudad interior de Uzbekistán, conocida como Itchan Kala, es Patrimonio de la Humanidad de la UNESCO. El casco antiguo está repleto de mezquitas ornamentadas y minaretes de azulejos, y se considera un centro esencial de la fe islámica.

Bujará (Uzbekistán) es una ciudad bimilenaria que también cuenta con mezquitas, minaretes de azulejos y madrazas. Es el hogar del arquitecto musulmán del siglo X, Samani, y la ciudad está considerada el centro intelectual del mundo islámico. La ciudad se ha conservado impecablemente, incluso permaneció igual cuando la influencia rusa amenazaba con apoderarse de la región.

Samarcanda (Uzbekistán) está considerada una de las ciudades habitadas más antiguas de Asia Central. Cuenta con ornamentados edificios de azulejos azules. Según la leyenda, un primo del profeta Mahoma está enterrado en la ciudad.

Kunya-Urgench (Turkmenistán) fue un importante centro comercial de la Ruta de la Seda entre los siglos X y XIV. Sus habitantes siguen practicando el islam.

Resulta sorprendente pensar que la Ruta de la Seda existió hace varios milenios y que, sin embargo, sus influencias arquitectónicas, religiosas y políticas siguen siendo muy fuertes hoy en día.

Capítulo 8: La Ruta de la Seda: Ciencia y tecnología

Hasta ahora hemos tratado casi todos los aspectos de la Ruta de la Seda, excepto uno: la ciencia y la tecnología. La Ruta de la Seda fue, por supuesto, el hogar del intercambio de ideas académicas, y esto incluía los avances científicos. De hecho, una vez que la gente se reunió para compartir sus ideas y salvar las diferencias entre culturas, religiones, lenguas y lugares, la historia demuestra que la ciencia y la tecnología empezaron a avanzar rápidamente.

Astronomía

Una de las primeras ciencias que surgió como área de estudio a lo largo de la Ruta de la Seda fue la astronomía. La gente utilizaba los cielos para determinar cuándo era el mejor momento para plantar o recoger las cosechas, cuándo celebrar un festival anual o juzgar el tiempo que se avecinaba. Los antiguos combinaban la astronomía y la astrología, pensando que podían utilizar las estrellas para predecir el futuro además de las estaciones.

En el año 3000 a. e. c., los babilonios de Mesopotamia fueron la primera cultura de la que se tiene constancia que empezó a estudiar oficialmente estos conceptos. Resulta que los babilonios adoraban a tres dioses celestiales principales. Eran el Sol, la Luna y el planeta Venus.

Sus templos se llamaban zigurats. Parecían pirámides con escalinatas a los lados, que permitían al adorador sentirse más cerca de los dioses del cielo. Sus sacerdotes hacían lo único lógico que se podía pensar cuando se adoraba a dioses del cielo. Observaban atentamente los movimientos del Sol, la Luna y Venus hasta que fueron capaces de predecir con exactitud los movimientos de estos cuerpos celestes. Hacia el 450 a. e. c., eran capaces de utilizar las matemáticas para determinar la ubicación del sol, la luna y los planetas en el cielo.

Poco antes del 370 a. e. c., apareció en escena la ruta comercial, y los avances astronómicos de los babilonios dejaron la región del actual Sudán con Demócrito, astrónomo y filósofo griego. Demócrito realizó una visita a Babilonia, donde conoció los cálculos matemáticos para la ubicación de las estrellas y los planetas. A continuación, recorrió la ruta comercial a través de Asia Menor hasta llegar a Egipto, compartiendo conocimientos a su paso[21].

Otro filósofo griego también había visitado a los babilonios. Tales de Mileto, que vivió entre el 640 y el 550 a. e. c., pudo utilizar los conocimientos matemáticos de los babilonios para calcular con precisión el eclipse de sol. Combinó estos conocimientos con los egipcios para navegar mirando las estrellas.

Mientras tanto, en la India se extendía el bichito de la astronomía. Los indios utilizaron los conocimientos astronómicos griegos y babilónicos en su propia versión de la astronomía. Tradujeron términos técnicos del griego y crearon su propia carta astrológica.

Con el tiempo, los eruditos indios llevaron tanto el budismo como sus propios conocimientos astrológicos a China a lo largo de la Ruta de la Seda, donde China integró los conocimientos astrológicos indios con sus propios descubrimientos. Si seguimos avanzando en la historia, en el siglo VII, los astrónomos indios llevaron información sobre el cálculo de eclipses y otros documentos importantes basados en descubrimientos griegos y persas a la corte del califa de Bagdad, donde se tradujeron al árabe[22]. La astronomía se convirtió en una parte importante de la edad de oro islámica.

Podemos seguir claramente el camino de ida y vuelta de los conocimientos astronómicos a lo largo de las rutas comerciales entre las sociedades y ver cómo la información creció con el tiempo.

---

[21] https://www.worldhistory.org/Democritus/
[22] https://en.unesco.org/silkroad/sites/default/files/knowledge-bank-article/ways%20of%20scientific%20exchange.pdf

¿Sabía que la celebración del Año Nuevo estaba determinada por antiguos cálculos astronómicos? Todavía hoy se celebra cada año el 21 de marzo en muchas regiones de la Ruta de la Seda, como Azerbaiyán, India, Irán, Kirguistán, Pakistán, Turquía y Uzbekistán.

La celebración del Año Nuevo se llama *Nowruz*, con variantes de ortografía que cambian ligeramente según el país y el idioma. Cada país y cultura tiene sus propias tradiciones. En Kirguistán se practica la lucha tradicional. En Irán, se cuentan cuentos y leyendas del mítico rey Jamshid a los niños, y todos saltan por encima de hogueras y arroyos. Otras tradiciones son la cuerda floja, las carreras de caballos y dejar velas encendidas en las puertas.

Todas las regiones lo celebran con canciones y bailes. Hay grandes comidas sagradas compartidas entre parientes y vecinos. En muchos países se decoran huevos duros y hay muchas actividades para los niños.

La idea principal de la celebración del Año Nuevo es fomentar el espíritu de comunidad y tender puentes entre las culturas locales y los vecinos. Las familias se reúnen, las comunidades se unen y se fomenta la solidaridad entre generaciones.

Matemáticas

Un pariente cercano de la astronomía son las matemáticas. Van de la mano, así que, naturalmente, las matemáticas se promovían y compartían a lo largo de la Ruta de la Seda.

Los babilonios y los egipcios fueron algunos de los primeros pioneros de las matemáticas, aunque la materia aún no tenía nombre. Cuando los griegos se hicieron con la información, sus eruditos despegaron y empezaron a desarrollar todo tipo de cálculos.

Nuestro filósofo griego antes mencionado, Tales de Mileto, era también comerciante y hombre de negocios. Se dio cuenta de que las matemáticas eran una habilidad importante para la diplomacia y el comercio. Tales de Mileto fue el fundador de la base matemática que condujo al avance matemático de Pitágoras poco después.

Los conocimientos matemáticos griegos viajaron por la Ruta de la Seda hasta los árabes, donde la edad de oro islámica acabó catapultando las matemáticas al siguiente nivel. Curiosamente, los árabes estaban muy interesados en la elaboración de sus horóscopos, lo que les inspiró el uso de la geometría en los cálculos astronómicos.

La Ruta de la Seda transportó de nuevo los conocimientos matemáticos con los musulmanes hasta España, donde la Universidad de Toledo reunió un ingente número de libros de matemáticas. Una vez que los cristianos reconquistaron España, asaltaron la universidad y acabaron adoptando el sistema numérico árabe como propio. Hoy en día, seguimos utilizando números arábigos en lugar de números romanos en nuestras matemáticas. Pero he aquí un secreto poco conocido. En realidad, los números arábigos llegaron de la India antes de ser adoptados por los árabes, gracias a la autopista de la información de la Ruta de la Seda.

Alquimia

Hace unos dos mil años, la humanidad empezó a practicar algo llamado alquimia. Esta palabra inglesa deriva del término árabe *al kimya*[23]. Fue la primera forma de química conocida por la humanidad.

Es posible que haya oído las leyendas e historias sobre antiguos alquimistas que pensaban que podían encontrar la fórmula mágica para convertir metales comunes en oro precioso. Aunque se trataba de una búsqueda ridícula, plagada de magia errante, la historia nos muestra que estos primeros científicos empezaron a desarrollar el método científico en sus experimentos, lo que los puso en el camino de hacer descubrimientos legítimos.

Mientras tanto, los chinos estaban en su rincón, intentando utilizar la alquimia para encontrar el secreto de la inmortalidad. Durante esta experimentación, los chinos hicieron una serie de descubrimientos accidentales, ¡incluida la pólvora! Hablando de lo contrario de la inmortalidad, ¿verdad? Imagínese intentar encontrar algo que hiciera vivir eternamente a la humanidad y, en su lugar, descubrir la misma sustancia que acabaría matando a millones de personas a lo largo de la historia.

El conocimiento de los experimentos chinos se filtró gradualmente por la Ruta de la Seda hacia Occidente con los comerciantes indios y árabes.

La pólvora no llegó al mundo islámico ni a Europa hasta el siglo XIII. El primer uso conocido de la pólvora en el mundo árabe fue en 1326, cuando los soldados árabes la utilizaron en un ataque contra los

---

[23] https://www.encyclopedia.com/philosophy-and-religion/other-religious-beliefs-and-general-terms/miscellaneous-religion/alchemy

moros. Después de eso, se corrió la voz por toda Europa. Florencia ordenó fabricar cañones y balas de cañón poco después de la batalla islámica contra los moros. A mediados del siglo XIV, la pólvora se había convertido en un elemento habitual de las guerras europeas.

Los verdaderos triunfadores en el estudio de la alquimia fueron los científicos islámicos. La alquimia islámica se tomaba muy en serio. Los musulmanes combinaban el uso de la ciencia real con hechizos mágicos. Los musulmanes también recibieron conocimientos sobre alquimia de la Grecia helenística. Durante sus conquistas, los musulmanes recogieron conocimientos de los persas y los indios.

Al final, los musulmanes acumularon una gran riqueza de conocimientos sobre alquimia, lo que los llevó a practicar la química real. También empezaron a explorar el conocimiento de la mineralogía, que es el estudio de los minerales de la Tierra.

Sus conocimientos siguieron extendiéndose hacia occidente con el paso del tiempo, llegando a España a través de los comerciantes musulmanes.

Medicina

El estudio de la alquimia y la química condujo al estudio de la medicina. Los conocimientos médicos, tal y como los conocemos hoy, eran rudimentarios o inexistentes en los primeros tiempos de la Ruta de la Seda. Muchas culturas creían que las enfermedades eran obra de espíritus malignos, dioses malévolos o brujería, porque no conocían la teoría de los gérmenes, las bacterias o la homeostasis.

Los indios escribieron el *Sushruta Samhita*, que define el Ayurveda, alrededor del año 700 a. e. c.. Se trata del texto médico antiguo más conocido de la India. Era bastante avanzado para la época. Los indios eran capaces de realizar cirugías, incluida la extirpación de cataratas de los ojos. Parecían conocer a fondo el funcionamiento del aparato digestivo y de la mayoría de los demás sistemas del cuerpo humano. Se daban cuenta de que la enfermedad estaba causada por un desequilibrio en el cuerpo, y comprendían que lo malo podía expulsarse del organismo con plantas medicinales, además de mantener un buen equilibrio de energía física y espiritual en el cuerpo.

Los griegos no estaban tan avanzados, y lo sabían. Alejandro Magno pidió a los médicos indios que viajaran con su ejército, y algunos de ellos se quedaron con el ejército cuando los soldados regresaron a Grecia, llevando consigo sus conocimientos médicos.

Sin embargo, los griegos tenían varios grandes médicos famosos. Probablemente haya oído hablar de Hipócrates, conocido como el «padre de la Medicina» por su cuidadoso registro. Anotaba lo que funcionaba y lo que no. Sus estudios se transmitieron a los musulmanes al cabo de varios años, contribuyendo a la construcción general de todas las ramas del campo médico.

¿Cree que la medicina contribuyó a la diplomacia a lo largo de la Ruta de la Seda? Hay varias formas en que los tratamientos médicos pudieron contribuir a la diplomacia. En aquella época, las hierbas se utilizaban a menudo como forma de medicina. Los viajeros podían regalar las hierbas de una región como obsequio diplomático a tierras extranjeras. Un regalo de hierbas o sustancias medicinales tenía un doble valor. Además de ser difíciles de adquirir, demostraban que quien las regalaba se preocupaba por el bienestar del destinatario.

Pero no nos olvidemos de todo lo demás. A lo largo de la Ruta de la Seda, las culturas compartían conocimientos científicos en un intercambio diplomático por excelencia. El intercambio de ideas avanzadas era algo más que diplomacia: era una colaboración para el progreso de la humanidad.

La brújula y otras innovaciones tecnológicas

La Ruta de la Seda facilitó bastantes inventos que han tenido un impacto permanente en la humanidad en su conjunto.

Uno de ellos fue la brújula. Creada por los chinos durante la dinastía Han, la brújula se fabricaba inicialmente con piedra caliza. Se trata de un mineral de hierro con magnetización natural, de modo que se orienta automáticamente hacia los polos de la Tierra cuando puede girar libremente.

Los historiadores estiman que los chinos empezaron a utilizar la brújula para la navegación en algún momento entre los siglos IX y XI.

Las versiones posteriores de la brújula aportaron más complejidad y algunas mejoras; sin embargo, la brújula básica nació a lo largo de la Ruta de la Seda en China.

La fabricación de papel, de la que ya se habló en un capítulo anterior, fue una importante innovación tecnológica que sacudió el mundo. Primero se popularizó en China, donde intentaron mantener sus métodos en secreto. Más tarde, la fabricación de papel se extendió a lo largo de la Ruta de la Seda hasta los confines de Asia y Europa.

El papel se utilizó para compartir conocimientos de forma eficiente, permitiendo a las culturas escribir sus creencias religiosas y descubrimientos académicos, haciéndolos fácilmente compartibles. La información podía transmitirse de forma fiable y coherente sin los cambios naturales que se producen cuando la información se comparte únicamente de boca en boca en la tradición oral.

La fabricación de papel condujo a la invención de las xilografías durante la dinastía Tang. En un decreto imperial de 593 e. c., el emperador ordenó que se imprimieran imágenes budistas.

A partir de ahí, los chinos imprimieron sobre textiles e imprimieron textos budistas. Utilizaban un método de xilografía para imprimir textos cortos que la gente podía llevar como amuletos. Con el tiempo, empezaron a imprimir manuscritos más largos en forma de pergaminos, algunos de los cuales se encontraron en las famosas cuevas budistas cercanas a la ciudad de Dunhuang.

Hacia el año 1000 de nuestra era, los pergaminos habían pasado de moda y se imprimían libros con páginas. En el siglo XI, los chinos habían inventado los tipos móviles y el papel más barato, lo que hizo que los libros fueran más fáciles de imprimir y más accesibles para el ciudadano de a pie.

La impresión de libros contribuyó a la difusión del conocimiento a lo largo de la Ruta de la Seda. Antes de los libros, la gente tenía que dedicar tiempo a escribir la información. La fiabilidad del libro impreso cambió las reglas del juego para los eruditos. Estos libros se podían compartir y pasar de un viajero a otro, o se podían acumular en una biblioteca para que los eruditos viajaran y los leyeran.

Hoy en día, la antigua tradición de la impresión china en bloque sigue en manos de un puñado de dedicados artesanos chinos. Se necesita un equipo de media docena de personas para crear xilografías. Los bloques se fabrican con madera de peral o azufaifo de grano fino, de dos centímetros de grosor. Después se lijan hasta que están totalmente preparados para el grabado.

Las imágenes deseadas se pintan con pincel sobre papel muy fino y luego se transfieren a los bloques, donde un grabador talla las imágenes en la fina madera. Se tallan de manera que las imágenes queden en relieve, no dentadas, formando un sello. Cuando las imágenes están listas, se pintan con tinta y se presionan a mano sobre el papel.

Otros inventos notables de la Ruta de la Seda son la fabricación de vidrio, la metalurgia, el teñido de tejidos, la irrigación y la creación del papel moneda.

El legado de la Ruta de la Seda brilla en muchos ámbitos. La Ruta de la Seda sentó las bases de los principios científicos modernos de la química y las matemáticas, incluida la invención del álgebra. Hoy en día, los libros son un producto estándar en todo el mundo.

La globalización que trajo consigo la Ruta de la Seda sentó las bases de un mundo interconectado, en el que practicamos la diplomacia y el comercio. También dejó una duradera cadena de conexiones por toda Asia, Europa y el norte de África que afectó a muchos ámbitos de la vida.

Capítulo 9: El legado de la seda

Puede que la Ruta de la Seda se haya disuelto con la facilidad de los viajes modernos, pero su legado seguirá dando forma para siempre a culturas y sociedades de todo el mundo.

El legado religioso

La difusión de la religión a través de la Ruta de la Seda ha sido uno de sus legados más poderosos. Todavía hoy influye en nuestro mundo. Millones de personas conocieron el cristianismo, el islam, el budismo y el hinduismo gracias a sus viajes por la Ruta de la Seda. A su vez, llevaron estas nuevas creencias a sus comunidades, donde se mezclaron con la cultura local.

Durante los primeros mil años de la era común, oleadas de nuevas religiones se extendieron de oeste a este. El budismo se extendió desde la India a través de Asia central y China, dejando tras de sí las impresionantes cuevas de Mogao en Dunhuang (China), repletas de siglos de arte y arquitectura budistas.

Los arqueólogos han descubierto estupas a lo largo de toda la Ruta de la Seda. En Myanmar se excavó una estupa cuyo estilo coincidía con el de la estupa de Amaravati, en la costa oriental de la India.

El budismo se mezcló con el hinduismo, como demuestran las asombrosas obras de arte de las cuevas de Ajanta y Ellora, en la India.

El zoroastrismo llevó a las regiones de la Ruta de la Seda la primera idea de un dios monoteísta, que se extendió por la Ruta de la Seda y sentó las bases de un código moral y de lucha entre el bien y el mal. Esto allanó el camino al judaísmo, el cristianismo y el islam.

Comerciantes y misioneros ayudaron a difundir la religión y las nuevas ideas. Esto dio lugar a las numerosas influencias culturales compartidas que unían lugares y personas a lo largo de la Ruta de la Seda.

En la actualidad, podemos encontrar indicios de la Ruta de la Seda en todo el mundo, no solo en las regiones de Asia Central y Oriente Próximo.

El legado nómada

En Estados Unidos, aunque la ruta comercial nunca atravesó estas tierras, aún podemos ver vestigios de la Ruta de la Seda en la vida cotidiana de la gente. Los estadounidenses beben té en tazas de porcelana fina, y ese té procede de hojas de té encontradas en todo el mundo. Algunos estadounidenses visitan regularmente una mezquita. La mayoría de los productos inventados y comercializados en la Ruta de la Seda siguen siendo importantes hoy en día, como el papel, la cerámica, los tejidos de algodón y seda, la metalistería e incluso el vidrio.

Los ricos compran alfombras orientales de gran calidad, e incluso las más baratas, de imitación, tienen varios diseños que emulan los tejidos turcos o persas. Pensemos en la historia de las alfombras a lo largo de la Ruta de la Seda. Los nómadas se desplazaban con sus ovejas y tejían alfombras distintas con fibras de lana en los lugares donde se detenían a descansar a través del antiguo Irán y Asia central.

Pensemos en los finos tejedores turcomanos que siguen fabricando alfombras hoy en día. Sus antepasados huyeron de la persecución de los zares y se reasentaron en Afganistán, entre otros lugares. Después de que los talibanes los persiguieran en Afganistán, huyeron a Pakistán. Su historia consiste en ser viajeros nómadas por las regiones de la Ruta de la Seda, y los turcomanos siguen viajando hasta hoy, aunque en circunstancias diferentes. Hay una constante en sus vidas: tejen alfombras con los mismos patrones que sus antepasados.

Los tibetanos cuentan una historia de viajes similar. Tras huir del dominio chino, se trasladaron a Nepal e India, siguiendo las antiguas rutas comerciales de sus antepasados. Ahora, viven en un nuevo lugar, tejiendo patrones históricos en telas como si nada hubiera cambiado en miles de años.

En el suroeste de Irán, los tejedores de alfombras persas de Fars siguen practicando su antiguo oficio en la actualidad. Las técnicas se transmiten de generación en generación por tradición oral. Los hombres esquilan la lana de sus ovejas en otoño y las mujeres la hilan. Mientras se hila, los hombres construyen telares tradicionales que parecen un marco horizontal en el suelo. Se atan hilos de colores a una red de lana para crear una alfombra.

Las mujeres tejen. Los diseños se basan en su vida nómada. Ninguna tejedora hace dos veces el mismo diseño, cada uno es único. Los colores se crean con hilo de lana y tinte. Los habitantes de Fars crean el tinte con elementos recogidos en la naturaleza. Los azules, rojos, blancos y marrones de las alfombras se producen con hojas de lechuga, piel de granada, tallo de cereza, piel de nuez y añil.

Una vez terminada la alfombra, se cosen los lados y se quema la lana sobrante. Así se consiguen diseños vivos que luego se lavan, limpian y secan antes de presentar el producto final a la venta.

Hoy en día, los pueblos nómadas siguen viviendo en Eurasia y siguen un modo de vida basado en las tradiciones de la Ruta de la Seda. Entre ellos se encuentran los pastores de renos siberianos, los criadores de caballos mongoles, los pastores de yaks tibetanos y los pastores turcomanos.

Estos pueblos nómadas fueron responsables de importantes contribuciones a la Ruta de la Seda, más allá del tejido y las alfombras. Introdujeron en el mundo la lana afieltrada, que utilizaban para mantenerse calientes y secos. Inventaron arneses para caballos y ganado, crearon instrumentos de cuerda con arcos únicos y desarrollaron unas viviendas portátiles sostenibles llamadas yurtas.

El legado de la seda y la moda

La seda fue, naturalmente, el producto más conocido de la Ruta de la Seda. La obsesión romana por la seda la convirtió en un artículo de lujo. Allí donde iba la seda, iban el dinero y la creatividad. Hoy en día podemos presenciar el mismo tratamiento de los artículos de alta costura, algunos de los cuales siguen fabricándose con seda.

En la actualidad, China celebra el Festival Internacional de la Seda para celebrar la moda y el cultivo de la seda. Este festival incluye un desfile de moda temático. Por ejemplo, en 2016, el desfile de moda del Festival Internacional de la Seda tuvo como tema cuatro elementos de la tierra en lo que llamaron Noche de Alta Moda. Se presentaron el Metal exquisito, la Madera encantadora, la Fusión de agua y fuego y el Elemento Tierra integral. El desfile presentó veintiocho tendencias de moda para la temporada 2017.

En la India también se celebra cada año una Feria Internacional de la Seda, a la que acuden vendedores de todo el mundo para vender productos de seda en una gran exposición comercial con hasta 150 mercaderes.

Como en los tiempos de la Ruta de la Seda, la moda suele ser divisiva y creativa. Los diseñadores de moda de Japón y Asia Central siguen incorporando la seda a sus intrincados diseños. En India, Uzbekistán y Siria, los bordados se siguen cosiendo a mano en las prendas de seda.

En China, el gusano de seda desempeña un papel importante en algunas regiones. Las tradiciones locales incluyen el Festival de la Flor del Gusano de Seda, que comenzó en 2014 como un renacimiento del patrimonio de la seda de la Ruta de la Seda. Se celebra anualmente en la ciudad meridional china de Zhenze, conocida como la ciudad natal del gusano de seda. El festival anual pretende mostrar la actual industria del gusano de seda e impulsar el turismo en la zona.

Los agricultores locales creen que la diosa de los gusanos de seda está a cargo de la cosecha de seda, y se le hacen sacrificios en el festival. Las agricultoras de gusanos de seda se visten maravillosamente con seda y flores de papel. Como parte del festival, hacen ofrendas a la diosa por la cosecha.

Legado gastronómico

Los alimentos que se cocinan hoy en las regiones de la Ruta de la Seda se consideran otra parte del patrimonio cultural de la Ruta de la Seda. Hoy en día, a lo largo de las rutas comerciales, cada cultura tiene sus propios sabores y tradiciones, pero, de alguna manera, todos los lugares conservan los vínculos entre sí que han dejado miles de años de comercio interconectado.

En Irán, en los mercados se venden panes recién hechos en carros de madera. Los panes están condimentados con hierbas y especias familiares, como cebolla, ajo, sésamo y comino. Si viajamos por las antiguas rutas comerciales hacia la India, Pakistán, Afganistán y otras partes de Asia Central, ¿qué encontraremos? El mismo pan plano con diferentes nombres locales y distintas especias añadidas, que dan a cada región un sabor único.

Las frutas y verduras también llenan los mercados de estos países. Encontrará caquis frescos, granadas, higos, melocotones, uvas, puerros, jengibre y cebollas. Cada región elabora recetas ligeramente diferentes con los mismos ingredientes principales.

Otro vínculo culinario común entre las regiones de la Ruta de la Seda es el amor por los *dumplings* o pan con relleno. China tiene el *mantou*, Japón denomina *manju* a este pan relleno azucarado, y en Corea es el *mandu*, un *dumpling* tipo ravioli relleno de ternera. Los tibetanos tienen unas bolas de masa rellenas llamadas *momo*. Turquía, Armenia e Irán también tienen pasta tipo *wonton* con carne, queso y/o verduras.

Legado musical

La música de la Ruta de la Seda ha tenido un gran impacto en las culturas. La música del mundo es asombrosamente diversa, aunque los instrumentos más fundamentales son similares. La voz humana, los instrumentos de madera natural a los que se añaden cuerdas, los instrumentos tipo flauta que producen sonidos soplando y los instrumentos tipo tambor que producen sonidos golpeando un objeto hueco son los más comunes.

El uso de la música es similar en todas las culturas, tanto por placer como en el marco de las tradiciones.

¿Cómo se difundió y cambió la música en la Ruta de la Seda a lo largo del tiempo?

Los pueblos de la Ruta de la Seda pueden dividirse en dos grupos: nómadas y sedentarios. Una cosa que ambos grupos tienen en común, aunque hubiera múltiples conflictos entre ellos, es su música.

Cuando los viajeros recorrían la Ruta de la Seda, es posible que acogieran algunas de las primeras sesiones de improvisación internacionales del mundo. Imagínese una noche alrededor de una hoguera en un remoto valle del Hindú Kush o en un desierto frío y desolado. La música era una distracción bienvenida para los viajeros cansados, ya que les proporcionaba entretenimiento y comodidad.

Muchos de los instrumentos que tocaban los nómadas a lo largo de la Ruta de la Seda llegaron rápidamente a Europa. Entre ellos, laúdes, oboes, tambores y cítaras. El primer violín se basó probablemente en un instrumento mongol fabricado con cuerdas de crin de caballo. Este instrumento se sostenía en posición vertical y se tocaba con arcos de crin. La voluta de la parte superior del instrumento de cuerda morin juur moderno actual es una cabeza de caballo tallada basada en la versión mongola original.

La historia del violín puede rastrearse a través de Asia Oriental y observarse en el instrumento kamanché. Sin duda, Indonesia conoció este instrumento de cuerda durante el comercio de especias y creó su propia versión, el rebab.

Los pueblos nómadas tenían la tradición del bardo, un músico que recitaba poesía o cantaba en un estilo narrativo acompañado de música que ellos mismos hacían, como el golpe de un tambor para representar los cascos de un caballo. En las comunidades hoy sedentarias, el estilo musical de los bardos persiste aún hoy, revelando pistas sobre su ascendencia nómada.

Otros lazos musicales unían las distintas religiones y culturas a lo largo de la Ruta de la Seda, y aún hoy están claramente presentes en la música cultural. Por ejemplo, los budistas introdujeron el canto monástico en el mundo. Los actuales coros cristianos asirios siguen cantando en canto monástico, siguiendo el mismo estilo de escalas y modos melódicos del mundo islámico de Oriente Próximo. Armenia, que alberga una de las culturas cristianas más antiguas de Oriente Próximo, y la cantilación judía presentan estilos similares de cánticos y tonos modales.

Hoy en día, la música de la Ruta de la Seda se sigue tocando. Sin embargo, está mucho más dispersa. La música de la Ruta de la Seda sigue siendo un vínculo entre comunidades, sobre todo las que han quedado dispersas por la inmigración o las guerras. Los músicos afganos componen nuevas canciones, aunque vivan en Nueva York, Toronto o Peshawar. La música judía bujará casi ha sido erradicada de Bujará, pero sigue viva en las comunidades de expatriados de Tel Aviv y Nueva York.

En la actualidad, el Programa Musical Aga Khan de Asia Central colabora con el Instituto Smithsoniano y el Proyecto Ruta de la Seda para mantener vivas y florecientes las tradiciones musicales de la parte centroasiática de la Ruta de la Seda, a pesar de las guerras, el hambre y la agitación política. Actualmente tienen proyectos en Kazajstán, Kirguistán, Tayikistán, Uzbekistán y Afganistán.

El famoso violonchelista Yo-Yo Ma es un artista que promueve el intercambio musical y cultural entre las actuales regiones de la Ruta de la Seda. Yo-Yo Ma nació en París, de padres chinos, y emigró a Estados Unidos de niño. Su padre era violinista y se dedicó a tender puentes musicales entre China y Occidente.

Yo-Yo Ma resumió perfectamente la conservación actual de las culturas de la Ruta de la Seda cuando dijo: «Como crisol de mestizaje cultural, las tierras de la Ruta de la Seda, antes y ahora, ofrecen un punto de vista incomparable desde el que comprender lenguajes musicales, artísticos y artesanales vitalmente vivos y en constante evolución que pueden parecer familiares y exóticos a la vez. Nuestro reto es abrazar la maravillosa diversidad de la expresión artística sin perder de vista la humanidad común que nos une a todos»[24].

En la actualidad, organizaciones como la UNESCO trabajan para preservar el patrimonio cultural inmaterial de la Ruta de la Seda. UNESCO (por sus siglas en inglés) es la Organización de las Naciones Unidas para la Educación, la Ciencia y la Cultura. Su objetivo es «promover el intercambio de conocimientos y la libre circulación de ideas para acelerar la comprensión mutua y un conocimiento más perfecto de la vida de los demás»[25].

Definen el patrimonio cultural inmaterial como «las tradiciones o expresiones vivas heredadas de nuestros antepasados y transmitidas a nuestros descendientes, como las tradiciones orales, las artes del espectáculo, los usos sociales, los rituales, los actos festivos, los conocimientos y usos relacionados con la naturaleza y el universo o los conocimientos y técnicas de producción de oficios tradicionales»[26].

La UNESCO trabaja para proporcionar información exhaustiva y culturalmente relevante sobre diferentes temas relacionados con la Ruta de la Seda, con el fin de promover la comprensión y mantener vivas las tradiciones. Es un recurso fabuloso para todo lo relacionado con la Ruta de la Seda.

Aunque tenemos colecciones de artefactos que han sobrevivido al paso de los años y nos dan pistas fascinantes para estudiar la vida en la época de la Ruta de la Seda, las verdaderas joyas son el patrimonio cultural intangible que sigue presente hoy en día en los descendientes de las personas que vivieron a lo largo de la Ruta de la Seda. Sin embargo, a medida que nuestro mundo se globaliza cada vez más, estos reductos de culturas tradicionales corren el riesgo de perderse para siempre.

---

[24] "A Journey of Discovery | Smithsonian Folklife Festival".
https://festival.si.edu/2002/the-silk-road/a-journey-of-discovery/smithsonian
[25] "UNESCO in Brief". https://www.unesco.org/en/brief.
[26] "Intangible Cultural Heritage". https://en.unesco.org/silkroad/silk-road-themes/intangible-cultural-heritage.

La Iniciativa de la Franja y la Ruta

¿Sabía que existe un esfuerzo colectivo para recuperar la Ruta de la Seda?

China está trabajando para revivir la Ruta de la Seda en una nueva iniciativa conocida como la Iniciativa de la Franja y la Ruta (BRI, por sus siglas in inglés). Su objetivo es mejorar la conectividad a través del comercio, impulsar las economías y hacer crecer la diplomacia a través de Asia, Europa y África.

La BRI fue anunciada por primera vez por el presidente de China, Xi Jinping, en 2013. La inspiración y el nombre se basaron en las rutas comerciales originales de la Ruta de la Seda. Al igual que en la Ruta de la Seda original, la intención es fomentar las conexiones y el intercambio de información cultural junto con el comercio.

¿Qué significan la Franja y la Ruta? Los dos componentes principales de la BRI son la «Franja Económico de la Ruta de la Seda» y la «Ruta Marítima de la Seda del Siglo XXI». El componente de la Franja se centrará en las rutas terrestres que conectan China con Europa a través de Asia Central y Oriente Próximo, similares a las rutas terrestres originales de la Ruta de la Seda. Las rutas marítimas conectarán China con el Sudeste Asiático, África y Europa.

Para llevar a cabo la BRI, hay que desarrollar una gran cantidad de infraestructuras, y los países deben cooperar entre sí para sincronizarse en el comercio. En la lista de infraestructuras a desarrollar figuran carreteras, ferrocarriles, puertos, aeropuertos e incluso oleoductos. También habrá que crear infraestructuras energéticas para alimentar los barcos, trenes y camiones que circulen por la BRI.

La financiación de la BRI procede de empresas estatales chinas, compañías, bancos y otras instituciones. Los inversores extranjeros han empezado a sumarse a medida que más países deciden unirse a la BRI. China incluso ha creado un nuevo banco para apoyar el proyecto. Se llama Banco Asiático de Inversión en Infraestructuras (AIIB, en inglés) y está vinculado a algo llamado Fondo de la Ruta de la Seda.

La BRI ya ha atraído inversores e interés de países de Asia, Europa, África e incluso Latinoamérica. Entre los proyectos recientes figuran el Corredor Económico China-Pakistán (CPEC), el ferrocarril China-Laos y el ferrocarril Addis Abeba- Yibuti.

A algunos países les preocupa la inestabilidad política provocada por la BRI. ¿Ganará China influencia y poder blando sobre los países en los que promueva rutas comerciales? Si nos remontamos a la historia de China en la Ruta de la Seda original, quizá podamos adivinar la respuesta a esta pregunta.

Desde hace poco, la BRI sigue expandiéndose. Ahora incluye iniciativas de comercio digital. Cuando la gente empezó a preocuparse por el impacto de todas las nuevas infraestructuras en el ecosistema, China añadió una iniciativa ecológica a la BRI.

A China le gustaría añadir la BRI a los Objetivos de Desarrollo Sostenible de las Naciones Unidas. Países de todo el mundo están pendientes de los inicios de la BRI, y el debate sobre los pros y los contras continúa.

Conclusión

La Ruta de la Seda era una vasta red de rutas comerciales que conectaba Extremo Oriente con Occidente en el mundo antiguo. Abarcaba una distancia de casi cuatro mil millas (más de seis mil kilómetros) de territorio en su totalidad.

Los orígenes de la Ruta de la Seda se remontan a la antigua China, alrededor del siglo II a. e. c., durante la dinastía Han. Con el paso de los siglos, la Ruta de la Seda fue testigo del auge y la caída de imperios a medida que se expandía y crecía. Con el tiempo, la Ruta de la Seda se extendió hasta el Mediterráneo, incorporando el comercio con griegos, romanos y muchas otras civilizaciones.

Esta ruta comercial llevó el comercio a valles remotos y atravesó peligrosos desiertos y montañas. Más adelante en su historia, la Ruta de la Seda también fue una ruta marítima, que fomentó el emblemático comercio de especias a través de los océanos y por todo el mundo.

Las rutas marítimas empezaron a tener preferencia sobre las largas y traicioneras rutas terrestres a medida que mejoraba la tecnología de navegación. Las rutas marítimas permitieron transportar mercancías más rápidamente y en mayores cantidades. Los mercados marítimos también aumentaron el acceso a lugares remotos y permitieron a las sociedades aisladas participar en el comercio.

Además, las rutas marítimas permitieron viajes directos de puerto a puerto, dando lugar a ciudades portuarias a lo largo de las vías fluviales. Estas ciudades portuarias se convirtieron en crisoles de culturas donde eruditos y líderes religiosos se reunían para intercambiar conocimientos e ideas. Las sociedades de estos puertos se enriquecieron enormemente con las diversas culturas de sus ciudades.

Las rutas comerciales marítimas aumentaron realmente la velocidad de la globalización al conectar el mundo de forma eficiente, así como a difundir las ideas y la religión, incluso más allá de lo que lo habían hecho las rutas terrestres.

Hemos visto el impacto que tuvo la Ruta de la Seda en la historia del mundo. Tómese un momento e imagine cómo sería el mundo actual si la Ruta de la Seda nunca hubiera existido. Imaginemos, allá por la dinastía Han, que el emperador no se hubiera sentido lo suficientemente motivado como para enviar a un diplomático a explorar las regiones cercanas y establecer un comercio amistoso.

¿Cuál habría sido el impacto?

En primer lugar, podemos estar seguros de que el mundo habría desarrollado nuevas ideas a un ritmo mucho más lento. Por ejemplo, las ideas y la tecnología que llegaban a Europa desde la Ruta de la Seda habrían tenido que encontrar su camino hacia el extranjero por casualidad, en lugar de ser transportadas rápidamente junto con las mercancías comerciales de forma regular.

¿Cuánto tardó en llegar a Occidente el descubrimiento de la pólvora? Después de que los europeos recibieran información sobre la pólvora, se precipitaron a desarrollar armas de fuego. Esto nunca habría ocurrido sin la Ruta de la Seda. ¿Cómo habría influido en el éxito o el fracaso de las guerras posteriores? ¿Cómo habría influido en la expansión del territorio o en la adquisición de recursos naturales? ¿Y cómo habría afectado a los civiles atrapados en medio de la guerra?

Cristóbal Colón descubrió algunas de las islas del Caribe mientras buscaba una ruta marítima para dedicarse al comercio de especias. Si no hubiera existido la Ruta de la Seda, ¿se habría producido alguna vez la fiebre por descubrir las especias? ¿Cuánto habrían tardado los europeos en descubrir y colonizar América?

Imagine las repercusiones a largo plazo. ¿Qué aspecto tendrían las Américas hoy en día si no hubieran sido descubiertas por extranjeros en aquel momento? Lo más probable es que hoy hubiera más pueblos indígenas en América. El paisaje del mundo también sería muy diferente.

Lo más probable es que los continentes hubieran sido descubiertos por navegantes europeos en algún momento, pero podría haber sido cientos o incluso miles de años más tarde. La medicina podría haberse desarrollado hasta el punto de que los europeos pudieran ayudar a las comunidades nativas que sufrían enfermedades europeas como la viruela. Sin embargo, es difícil saberlo con seguridad en este universo hipotético en el que la Ruta de la Seda nunca existió.

Las migraciones humanas se habrían ralentizado hasta detenerse, dejando a las comunidades más aisladas unas de otras. Sin el intercambio de ideas a través del comercio, las comunidades habrían permanecido más homogéneas, con culturas y religiones estancadas debido a la falta de influencia de otros grupos humanos.

Pensemos en la peste negra. Esta terrible enfermedad se propagó desde el comercio con Extremo Oriente hasta las ciudades europeas, donde acabó con gran parte de la población. En algunas ciudades, más de la mitad de la población murió a causa de la peste. Sin el comercio en la Ruta de la Seda, enfermedades como la peste bubónica nunca se habrían extendido por Europa. Lo más probable es que otra cosa hubiera acabado con la población en lugar de la peste, pero posiblemente no lo hubiera hecho a la misma escala desastrosa que la peste.

Europa habría carecido de muchos bienes y alimentos que se han convertido en habituales. Imagínese a los británicos sin una taza de té. Podríamos escribir un libro entero solo sobre la importancia del té en la cultura británica a lo largo de la historia.

La Ruta de la Seda también contribuyó a la pérdida de las creencias indígenas de las culturas nómadas y aisladas. Sin la difusión de la religión a lo largo de la Ruta de la Seda, estos pueblos aislados habrían conservado sus creencias autóctonas durante más tiempo.

La religión en la Ruta de la Seda tuvo un fuerte impacto en la arquitectura y el arte, mezclando culturas y religiones para crear todo tipo de edificios y obras de arte únicas. Por ejemplo, ¿recuerda la difusión de las mezquitas de azulejos azules con minaretes por Asia central? Esto no habría ocurrido sin la interconexión de las rutas comerciales. El arte y la arquitectura habrían quedado aislados en sus propias regiones en lugar de recibir la influencia de otros lugares.

Los misioneros no habrían podido viajar de un lugar a otro con tanta facilidad, ya que la Ruta de la Seda se utilizaba mucho como ruta misionera. Esto habría tenido un gran impacto en el cristianismo, que se extendió en grandes cantidades gracias a los misioneros viajeros.

Sin duda, la Ruta de la Seda fue el catalizador del éxito económico de muchas regiones, elevando a los imperios a grandes alturas y, a su vez, provocando su desaparición cuando las guerras y los desastres acabaron con los patrones comerciales o los modificaron.

Piense en el Imperio romano sin la seda. ¿En qué habrían gastado su dinero los romanos si no hubieran canalizado gran parte del mismo hacia China? La ausencia de la lujosa seda los habría llevado a obsesionarse con otro bien de lujo de carácter más regional. ¿Cuál podría haber sido?

Sin duda, el estilo de los romanos también habría sido diferente. Sin seda, la élite habría tenido que vestirse con lana y lino ordinarios. Sin seda, ¿se habrían concentrado los romanos en desarrollar sus propios tejidos de fantasía? Aunque los habitantes del imperio adoraban la seda, habrían comerciado con otros productos y prosperado sin ella. Solo que, al hacerlo, habrían parecido menos elegantes.

Aparte de todas las cosas obvias que nos perderíamos sin el comercio de mercancías en la Ruta de la Seda, quizás el mayor impacto habría sido la falta de globalización y diplomacia entre culturas.

Sin la globalización, el mundo carecería de crecimiento económico. La gente no tendría acceso a una amplia gama de bienes procedentes de fuera de sus regiones de origen. Los países se esforzarían por ser económicamente independientes sin comercio, localizando sus industrias y centrándose en la producción de bienes que estuvieran en sus terrenos en lugar de abastecerse de materiales de todo el mundo, de forma similar a como los nómadas tejen alfombras a partir de recursos cercanos a su hogar.

El mayor regalo de la Ruta de la Seda es la conexión humana que fomentó entre grupos únicos de personas. La riqueza y la profundidad que la humanidad en su conjunto ha adquirido al compartir música, arte, alimentos y conocimientos nunca podrá repetirse.

La Ruta de la Seda representa el espíritu aventurero del ser humano y muestra el inagotable deseo que tenemos de conectar con otros a través de grandes distancias y terrenos difíciles. La Ruta de la Seda muestra la determinación de los seres humanos para encontrar la prosperidad, incluso en peligrosas travesías marítimas o cuando se enfrentan a la escarpada cordillera del Hindú Kush.

Sin los hilos irrompibles que unen a las civilizaciones a lo largo de la Ruta de la Seda, estaríamos aislados, probablemente permaneciendo en focos hostiles de civilización y careciendo de las partes más maravillosas de lo que significa disfrutar de la vida al máximo: las conexiones compartidas entre las personas.

Vea más libros escritos por Enthralling History

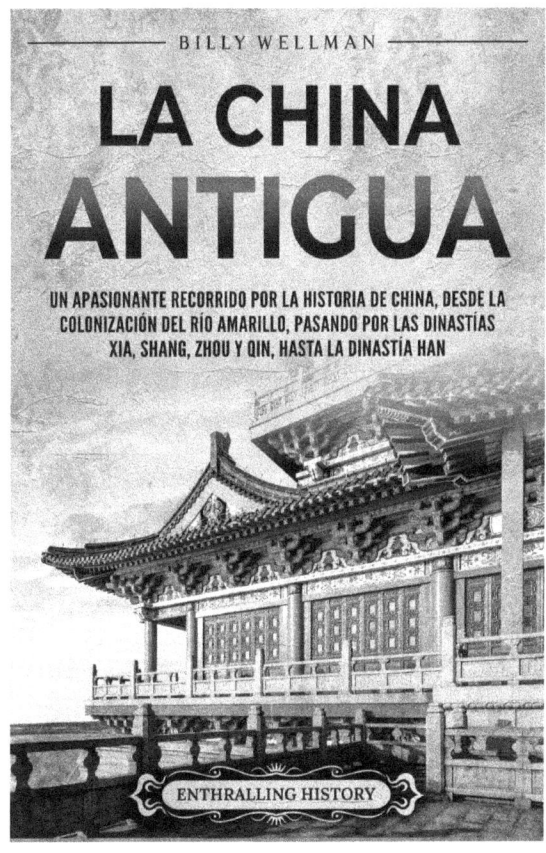

Bibliografía

Christian, David. "Silk Roads or Steppe Roads?". https://www.jstor.org/stable/20078816.

Torr, Geordie. *The Silk Roads: A History of the Great Trading Routes Between East and West.*

"Ancient Tea and Horse Caravan Road". http://www.silkroadfoundation.org/newsletter/2004vol2num1/tea.htm.

"Ancient Tea Horse Road". https://www.bbc.com/travel/article/20120830-asias-ancient-tea-horse-road.

Fan Ye. *Hou Hanshu* (*Libro de Han Posterior*).

"Trade under the Tang Dynasty". https://courses.lumenlearning.com/suny-hccc-worldcivilization/chapter/trade-under-the-tang-dynasty/.

"The Prosperity of the Silk Road in the Tang Dynasty". http://en.shaanxi.gov.cn/as/hac/hos/201704/t20170428_1595517.html.

"Silk Road Overland Transportation". http://www.historyshistories.com/silk-road-transportation-overland-route.html.

"Transportation Along the Silk Road". http://www.silkroadtourcn.com/blog/160.html.

"Caravans". https://factsanddetails.com/china/cat2/sub90/item1103.html.

"Slave Trade on the Silk Road". https://shanghai.nyu.edu/news/exploring-silk-road-slave-trade-turfan.

Herodoto. *Historias.*

"Ibn Battuta". https://www.khanacademy.org/humanities/big-history-project/expansion-interconnection/exploration-interconnection/a/ibn-battuta.

"Palmyra". https://en.unesco.org/silkroad/content/palmyra.

"Cosmopolitan Silk Road". https://academic.oup.com/isagsq/article/2/1/ksac007/6556077.
"A Journey of Discovery | Smithsonian Folklife Festival". https://festival.si.edu/2002/the-silk-road/a-journey-of-discovery/smithsonian.
"Intangible Cultural Heritage". https://en.unesco.org/silkroad/silk-road-themes/intangible-cultural-heritage.
"Discovering the Islamic architecture of the Silk Road - Saga". https://www.saga.co.uk/magazine/travel/destinations/asia/central-asia/silk-road-islamic-architecture
"CHRISTIANITY, NESTORIANS AND THE SILK ROAD". https://factsanddetails.com/china/cat2/sub90/entry-8324.html
"How Islam got to the Philippines". https://slate.com/news-and-politics/2005/01/how-islam-got-to-the-philippines.html
"Islam in the Philippines - Wikipedia". https://en.wikipedia.org/wiki/Islam_in_the_Philippines
"Islam in China | Pew Research Center". https://www.pewresearch.org/religion/2023/08/30/islam/#:~:text=Islam%20was%20brought%20to%20China,Islam%20began%20to%20spread%20inland.
"Democritus - World History Encyclopedia". https://www.worldhistory.org/Democritus/.
"Alchemy | Encyclopedia.com". https://www.encyclopedia.com/philosophy-and-religion/other-religious-beliefs-and-general-terms/miscellaneous-religion/alchemy.
"Inventions and Trade: The Silk and Spice Routes, 1994". https://en.unesco.org/silkroad/sites/default/files/knowledge-bank-article/ways%20of%20scientific%20exchange.pdf.
"UNESCO in Brief". https://www.unesco.org/en/brief

www.ingramcontent.com/pod-product-compliance
Lightning Source LLC
Chambersburg PA
CBHW070339010526
44107CB00004B/549